Pe. LOURENÇO KEARNS, C.Ss.R.

TEOLOGIA DA OBEDIÊNCIA RELIGIOSA

EDITORA
SANTUÁRIO

DIREÇÃO EDITORIAL: Pe. Flávio Cavalca de Castro, C.Ss.R.
Pe. Carlos Eduardo Catalfo, C.Ss.R.
COORDENAÇÃO EDITORIAL: Elizabeth dos Santos Reis
REVISÃO: Ana Lúcia de Castro Leite
DIAGRAMAÇÃO: Marcelo Antonio Sanna
CAPA: Junior Santos

Dados Internacionais de Catalogação na Publicação (CIP)
(Câmara Brasileira do Livro, SP, Brasil)

Kearns, Lourenço
    Teologia da obediência religiosa / Lourenço Kearns. — Aparecida, SP: Editora Santuário, 2002. — (Coleção Claustro; 5)

    ISBN 85-7200-833-0

    1. Comunidades religiosas 2. Consagração 3. Espiritualidade 4. Obediência - Voto 5. Vida comunitária 6. Vida religiosa e monástica I. Título II. Série.

02-5753   CDD-248.894

Índices para catálogo sistemático

1. Obediência: Vida consagrada religiosa: Cristianismo 248.894
2. Obediência: Vida religiosa consagrada: Cristianismo 248.894

A marca FSC® é a garantia de que a madeira utilizada na fabricação do papel deste livro provém de florestas que foram gerenciadas de maneira ambientalmente correta, socialmente justa e economicamente viável.

Este livro foi composto com as famílias tipográficas Times Roman, Cantoria MT e impresso em papel offset 75g/m² pela **Gráfica Santuário**.

7ª impressão

Todos os direitos reservados à **EDITORA SANTUÁRIO** — 2019

Rua Pe. Claro Monteiro, 342 - 12570-000 - Aparecida-SP
Tel.: 12 3104-2000 - Televendas: 0800 16 00 04
www.editorasantuario.com.br
vendas@editorasantuario.com.br

Introdução

A finalidade deste livro é servir como algo prático na vivência de nossa consagração religiosa, especificamente sobre o relacionamento entre superior(a) e o voto de obediência. Não é tanto para ver e discutir teorias novas, mas, sim, fornecer pistas para reflexão, oração, discernimento e ação sobre a função de um superior(a) local em uma comunidade religiosa. Mas, igualmente importante, uma outra finalidade é sondar qual deve ser a atitude dos membros de uma comunidade religiosa diante de um superior(a) e a questão básica da obediência religiosa.

Essas reflexões não são, portanto, somente para os superiores em si, mas uma reflexão séria para todos os membros de uma comunidade consagrada, sobre a questão da obediência. Espero que possa servir também como uma fonte de consolo no sentido de descobrirmos que, em geral, a maioria dos religiosos, e religiosas, está passando pelos mesmos problemas, desafios, dúvidas e, às vezes, as mesmas dores nas comunidades, sobre essa questão da obediência.

Por isso é importante desfrutar o máximo, não só dos conteúdos apresentados, mas principalmente da dinâmica de terminar cada capítulo dos assuntos apresentados com uma partilha comunitária. Essa partilha é uma busca de soluções evangélicas diante do desafio da obediência religiosa. Faltou muito diálogo sobre essas questões que tocam diariamente em nossa vida consagrada e comunitária. Sem dúvida, a obediência é o maior desafio na vida consagrada no início desse novo milênio.

Podemos iniciar dizendo que o serviço fraterno de ser superior(a) de uma comunidade religiosa não é fácil hoje em dia. É curioso como no passado chamavam esse serviço de "cargo" que significa o ato de carregar algo pesado. Muitos superiores(as) estão sentindo essa realidade. É mais cargo do que serviço. Veremos, no decorrer deste livro, algumas das razões por que não é fácil viver esse serviço. Desde o Concílio Vaticano II, houve muitas mudanças sobre o ser e o agir de um superior(a) local. Sobretudo, sobre a questão da obediência religiosa nesse contexto comunitário.

Que o Espírito Santo ilumine todos os religiosos e religiosas para que possam escutar, partilhar e animar o ser e o agir, a corresponsabilidade da obediência, que, no fundo, é mais do que um cargo: é um *serviço evangélico*. E que este mesmo Espírito dê-nos coragem para nos confrontar com algumas questões sobre a obediência religiosa.

Superiores entre monges budistas e hinduístas são praticamente desconhecidos. O lugar de "superior" nesses casos é cumprido pelo guru do grupo. O dever do guru não é administrativo, mas sim *espiritual*. Seu dever é dar capacidade ao noviço, e mais tarde ao monge, para responder criativamente à vontade divina e para escutar sua chamada na vida.[1]

Na própria comunidade de Jesus, e desde o começo da Igreja, sempre existia a presença de algum tipo de superior, rabi ou mestre, mas sempre foi dentro do contexto de serviço

---

[1] O'Murchu, Diarmuid, M.S.C., *Religious life: A Profetic Vision"*. Notre Dame, in: Ave Maria Press, 1985, p. 144.

e da obediência evangélica. "Vocês dizem que eu sou o Mestre e o Senhor. E vocês têm razão; eu sou mesmo" (Jo 13,17). E foi esse Mestre, Jesus Cristo, que lavou os pés de seus coirmãos nos mostrando como devemos ser e agir como mestres e superiores(as) de nossos irmãos e irmãs (Jo 13,1-17). Ser superior(a) de uma comunidade no sentido evangélico fala, sobretudo, do serviço que brota, necessariamente, de uma *caridade autêntica*. A raiz evangélica de exercer o cargo de superior está na caridade fraterna.

Nosso modelo em tudo isso deve ser Jesus Cristo que, também, foi o superior local de sua comunidade apostólica. Ele veio para servir e não para ser servido (Mt 20,25-28). Nunca podemos perder de vista a intimidade com nosso modelo, Jesus Cristo (Jo 15,1-6). Ele nos ensina como podemos ser animadores e animadoras de nossos irmãos e irmãs na busca da fidelidade na consagração e na obediência. Quando perdemos de vista o Cristo, servo de seus irmãos, os possíveis abusos sobre o ser e o agir de um superior e da obediência religiosa entram em nossas vidas e comunidades. Aliás, os abusos já entraram e colocaram a vida consagrada em profunda crise. Uma das finalidades desse livro é a de ajudar-nos a criar coragem para perceber as fontes dessa crise e dar passos para *superar a crise*. Sem dar passos, a crise leva uma Província, ou uma Congregação toda à morte.[2]

Somente dois esclarecimentos no começo: 1) nas colocações uso a palavra "superior ou superiora" ao invés de entrar nos outros títulos ou alternativas que damos hoje

---

[2] Kearns, Lourenço, "Refundação da Vida Religiosa", *Convergência,* abril, 2000, Ano XXXV, n. 331, p. 182.

em dia para esse serviço comunitário. A escolha desse termo não significa nem uma teologia, nem uma preferência. É simplesmente para facilitar nossa apresentação porque, de fato, é a palavra ainda mais usada na maioria dos documentos oficiais da Igreja (que não significa necessariamente que seja o termo mais exato). Cada um, cada uma, pode colocar mentalmente o termo que mais fala à sua pessoa ou à caminhada de sua Província.

2) Gostaria de dizer no começo que não tenho todas as respostas sobre esse assunto. Fico, às vezes, confuso diante dos assuntos difíceis nessas questões de como ser superior(a) hoje, e sobre os problemas com a obediência que aparentemente surgem mais na pós-modernidade do que no passado. Há divergências grandes nessas questões apresentadas. Divergências que vêm da teologia, da psicologia e da sociologia. Visões diferentes. Eu posso colocar algumas pistas de reflexão, questionamento e clarificação, mas a resposta concreta para sua comunidade estará com você e com seus coirmãos ou coirmãs. Por isso, repito a importância da partilha e do diálogo para que possamos ouvir as experiências de nossos coirmãos ou coirmãs e de outros religiosos que possivelmente passaram a mesma cruz e que já acharam algumas respostas concretas para resolver seus problemas. Essas pessoas poderiam, com certeza, dar-nos uma luz de como poderíamos resolver nossos problemas concretos. Por isso, no fim de cada capítulo haverá perguntas de partilha para nos ajudar nessa busca de autenticidade na consagração religiosa. Que o Espírito Santo nos ilumine para que possamos ser seus instrumentos de paz e consolo uns para os outros. E que esse mesmo Espírito nos dê sua luz e nos leve a continuar profeticamente Cristo Servo, obediente, em nossas comunidades.

Capítulo I

MUDANÇAS RADICAIS

O grande problema na tentativa de ser um bom superior(a) hoje em dia é a falta de entender o que realmente aconteceu para mudar tantas coisas a respeito desse cargo de superior(a) e, consequentemente, a vivência da obediência religiosa nesse contexto novo. Por isso, há uma necessidade de estudar as grandes mudanças que aconteceram, antes e depois do Concílio Vaticano II, nas questões que tocaram diretamente nos assuntos sobre o superior e a obediência religiosa.

Houve vários modelos sobre o ser e o agir do cargo de superior(a) que predominaram na vida consagrada por alguns séculos antes do Concílio Vaticano II. De repente esses modelos foram questionados, e alguns justamente rejeitados. Novos modelos apareceram para preencher o vácuo que essas mudanças trouxeram. O problema foi, e possivelmente ainda seja, que algumas congregações não acompanharam, e algumas até abertamente rejeitaram, essas mudanças. Por isso, houve, e ainda há, grandes tensões em algumas congregações masculinas e femininas, mas especialmente entre os jovens e as jovens consagrados. Esses jovens receberam novas e diferentes orientações sobre os modelos de superior(a), sobre uma nova teologia da obediência (que exige necessariamente a corresponsabilidade) e, finalmente, sobre a questão de qual exatamente é o lugar essencial do superior(a) religioso no meio de tudo isso.

Houve momentos difíceis e de confusão. Algumas congregações introduziram com coragem as novas mudanças mas, infelizmente, sem uma devida e necessária preparação por meio de um programa adequado de formação permanente. Isto aconteceu, especialmente, na questão de corresponsabilidade na obediência. De repente, apareceram as teorias e até práticas de que uma comunidade religiosa não precisasse mais de um superior(a) local e, por isso, todos se tornaram "superiores". Confiou-se no fato que todos estavam suficientemente maduros para viver esse novo modelo. O resultado, na grande maioria dos casos, foi uma anarquia descontrolada na comunidade religiosa, onde ninguém poderia questionar ninguém ou nada. A regra suprema em comunidade e em obediência foi que cada um poderia determinar o que queria e tudo, portanto, era correto e certo. A obediência foi reduzida a uma questão de subjetivismo, e nesse quadro não houve lugar para nenhuma autoridade na comunidade. Cada um por si, e cada um sempre certo, foi regra geral. O resultado foi anarquia e uma imaturidade às vezes até infantil.

Quem passou por esse período pode confirmar que foi um tempo muito difícil no contexto comunitário e na vivência de uma obediência responsável e evangélica. Superiores e superioras nomeados pelos conselhos provinciais perderam qualquer possibilidade de exercer sua função nas comunidades. Por causa disso, houve crescentes dores e problemas cujos traços continuam até hoje em algumas congregações. Em poucas palavras, ainda há tensões que vêm dos conceitos básicos, mas diferentes, sobre o ser e o agir de um superior local. Em muitas vezes, um velho modelo ainda está caminhando junto com o novo e essa realidade causa atritos, tensões e desentendimentos sérios.

Não é fácil ser superior(a) no meio dessas confusões e tensões. Precisamos seriamente nos confrontar em nossos capítulos provinciais sobre quais são os modelos de superior(a), e quais são os princípios da obediência evangélica que a Província quer assumir para que haja entendimento, esclarecimento e uma visão conciliadora em toda a comunidade provincial. Não podemos optar mais por uma anarquia que está destruindo o conceito de comunidade e de obediência religiosa como um valor evangélico e profético nesse mundo. Mas, também, não podemos continuar vivendo um velho modelo não evangélico baseado somente no capricho do superior(a) local. Precisamos de união nas ideias sobre o ser e o agir dos superiores locais. Se não, vão continuar as crises cada vez que um membro de uma comunidade for transferido e encontrar um superior(a) com um modelo ultrapassado. Padre O'Murchu comenta que:

"... a respeito do voto de obediência, há um grande abismo entre a teoria e a prática. Embora a maioria queira optar por um novo modelo, frisando participação, consulta, subsidiariedade e discernimento, na prática ainda favorece um sistema funcional e utilitário. Muitos ainda só querem fazer "o seu trabalho"; provinciais estão procurando somente preencher lugares de trabalho. A co-responsabilidade significa simplesmente dar ao superior tantas coisas triviais para fazer que ele não pode exercer sua função de liderança e de animador da comunidade".[3]

---
[3] O'Murchu, *op. cit.*, p. 142.

Vamos agora examinar alguns modelos tradicionais de ser superior(a) para que possamos melhor entender as mudanças que aconteceram antes e depois do Concílio Vaticano II.

1. Um modelo tradicional: A Pirâmide — um modelo de poder

Um modelo de superior(a) que reinou religiosamente por vários séculos foi um dos modelos de poder que hoje se chama "pirâmide". A imagem é que no pico da pirâmide fica o superior(a) e, embaixo, na base, ficam os outros membros da comunidade. O superior foi considerado o representante único, se não absoluto e exclusivo, da vontade de Deus numa comunidade religiosa. E teve, por ofício e direito, o monopólio sobre *a interpretação da vontade de Deus* na comunidade e, consequentemente, sobre a vida dos membros dessa mesma comunidade.

Foi um poder claro sobre os outros membros da comunidade. Ninguém tinha o direto de questionar a interpretação do superior. Foi uma interpretação única e definitiva. O religioso ou a religiosa não tinham nenhuma participação no processo de discernimento sobre a vontade do Pai em sua vida pessoal e consagrada. O superior falou, portanto, "Deus falou". E ponto. O dever de um bom religioso era, *cegamente,* colocar toda sua confiança e fé nessa interpretação unilateral do superior(a). Essa ideologia e modelo foram muito frisados durante a formação inicial, e especialmente no período de provação durante o tempo dos votos temporários.

Obediência religiosa, portanto, estava na linha da

obediência cega. Duvidar interiormente e, pior, questionar exteriormente a interpretação do superior ou da superiora da comunidade já foi considerado moralmente como um ato de desobediência. Até questionar sobre coisas pequenas decididas unilateralmente pelo superior(a) foi considerado uma falta moral contra o voto de obediência. Quem duvidou ou questionou a decisão do superior(a) foi simplesmente taxado de mau religioso.

Esse modelo predominava em todos os níveis de autoridade no contexto da vida religiosa e comunitária: superior provincial, superior local, e os mestres nas várias etapas da formação inicial. Ser superior ou superiora realmente deu para essa pessoa um verdadeiro poder sobre a vida, a fé e a obediência dos outros membros da comunidade. A essência da obediência religiosa foi teologicamente reduzida somente à submissão de sua vontade à vontade de uma outra pessoa chamada "superior(a)". Até o superior ou superiora local foram considerados como a "reencarnação" do fundador ou da fundadora e intérpretes únicos da vontade, da espiritualidade e do carisma fundacional.[4]

Parece que o Concílio Vaticano mudou essa ideia da obediência religiosa, mas podemos ler em *Perfectae Caritatis* que o mesmo modelo básico de poder foi reforçado, assim, continuando esse modelo.

> "Pela profissão da obediência, oferecem os religiosos a Deus a inteira dedicação da própria vontade como sacrifício de si próprios (...) e os

---
[4] O'Murchu, *op. cit.*, p. 148.

religiosos, por moção do Espírito Santo, *se submetem na fé aos superiores que fazem as vezes de Deus e por eles são levados a servir a todos os irmãos em Cristo....*"[5]

Mas o mal desse modelo não foi só de um lado, isto é, somente do lado do superior(a). Por causa da formação inicial que recebemos para fortalecer esse mesmo modelo de poder, muitos religiosos(as) sentiram-se bem e mais seguros. Esse modelo os livrou de qualquer responsabilidade na necessidade de participar ativamente na busca da vontade do Pai em circunstâncias concretas de suas vidas. Foi muito mais fácil deixar o possível erro e a responsabilidade com o superior(a). Assim, os consagrados ficam livres de culpa diante de Deus e da comunidade. Se houvesse um sucesso, "louvado seja o Senhor", e a comunidade toda participou na glória. Mas se houvesse um fracasso, o superior(a) apanhou porque foi o único "responsável". No fracasso, a comunidade teve até o direito de criticar as decisões tomadas pelo superior(a). No fundo, houve uma fuga para não assumirmos nossa parte essencial e adulta no processo da obediência. Obediência cega, em um sentido, foi mais seguro e conveniente porque isentava de responsabilidades pessoais. Mas não ajudou os consagrados(as) a crescerem na fé como adultos. Perpetuou em muitos(as) um tipo de infantilismo espiritual. Houve até medo de decidir qualquer coisa sem um mandato direto do superior(a).

Há, também, a questão daqueles coirmãos(ãs) que sempre carregaram um problema não resolvido sobre aceitação de qualquer autoridade no contexto comunitário

---

[5] Compêndio do Vaticano II, Perfectae Caritatis, n° 14.

religioso. Essa questão existe na vida comunitária e a respeito da obediência. Os consagrados(as) que nunca resolveram esse problema sempre serão uma força negativa na comunidade e sempre vão fugir de sua responsabilidade na obediência, sempre culpando o superior(a) por todos os seus problemas. Mais uma vez, é algo que perpetua um infantilismo espiritual e psicológico na pessoa consagrada e causa sofrimentos na comunidade toda.[6] Somente o confronto sobre sua participação no planejamento e na execução da obediência pode livrar essas pessoas de sua vivência triste na obediência. Também não há outra cura fora de uma ajuda profissional onde ele(ela) possa ser confrontado(a) com sua realidade e suas fantasias.

A dura realidade é que esse modelo de poder causou tantos sofrimentos na vida de muitos religiosos(as), e eles(as) carregam mágoas enraizadas em seu coração até hoje. Nos retiros que preguei, encontrei religiosos(as) que ainda sofrem das coisas erradas feitas a eles(as) pelos superiores(as) *"em nome de Deus"*. Por isso, alguns(as) sentem dificuldades concretas em realizar e em viver uma verdadeira experiência de um Deus amoroso. Eles(as) encontram profundas dificuldades para chegar até uma intimidade adulta e libertadora com Deus. Consciente ou inconscientemente, sentem medo e até *raiva de Deus* porque Ele os fez sofrer por meio do superior(a).

O fato de os superiores(as) apelarem para a interpretação exclusiva da vontade de Deus fez o religioso(a) somente concluir que *foi Deus quem quis esse mal em sua vida*. A justificação apresentada pelo superior(a), quando o

---

[6] Schneider, Sandra M., IHM. *Selling All*. New York: Paulist Press, 2001, p. 64.

religioso(a) expressasse seu sofrimento diante da sua decisão, foi que "Deus quis" e não tanto o superior(a) ou seu conselho provincial ou local. De verdade, houve males feitos para religiosos(as) através dos superiores(as) em nome da vontade de Deus. Muitos religiosos(as) ainda sofrem de escrupulosidade e sentem-se como culpados porque questionaram, ao menos interiormente, a sabedoria das decisões do superior(a). E guardaram tudo isso em seu interior com medo de abertamente questionar o discernimento feito sobre sua vida e sua consagração sem consultas prévias. Nem podiam expressar isso para um diretor espiritual, ou confessor, por medo de serem julgados(as) como maus religiosos(as). Pior, não podiam nem expressar seus sentimentos a Deus em oração porque Ele causou neles esse mal e eles criaram imagens distorcidas de Deus, causando medo e mais sofrimento.

Eles(as) sentiram-se desobedientes, julgados(as) por Deus e, infelizmente, em pecado. Carregaram raiva em seus corações por muitos anos e não se sentiram com o direito de se justificar diante dessa raiva. Não houve alternativas possíveis segundo a teologia regente daquele tempo. Reclamar, até se fosse justificado, era pecaminoso. Tornou-se uma fonte para criar em alguns(as) medo e iniciar um processo de certo afastamento de Deus. *No fundo, quem apanhou e foi culpado de tudo foi Deus.* No fundo, quem sofreu no processo de intimidade com Deus foi o religioso(a) que foi forçado(a) a cegamente obedecer a um Deus "cruel e sem compaixão". Foi uma situação triste demais. Somente um bom diretor espiritual pode libertar esses irmãos(ãs) de suas imagens terríveis e tortas de Deus.

Muitas coisas têm mudado depois do Concílio Vaticano, mas a teologia sobre o relacionamento entre superior(a) e os membros de uma comunidade ainda é, em muitos casos, ascética, legalista e produto de autoritarismo. Tentamos colocar nova roupa sobre modelos tradicionais, mas em muitos casos o velho modelo predominou. A obediência religiosa é ainda teologicamente empobrecida em sua prática.[7] Esse modelo tradicional de poder começou a ser questionado até antes do início do Concílio Vaticano II. Graças à modernidade, à pós-modernidade e à introdução lenta e progressiva do estudo da psicologia na vida consagrada, essa posição de poder da parte do superior(a) começou a ser rejeitada como uma forma legítima e evangélica da obediência religiosa. Não era mais possível justificar esse modelo nem segundo os princípios do Evangelho, nem segundo as ciências humanas e religiosas que começaram a ser desenvolvidas na teologia da vida consagrada. O mundo secular começou a questionar a autoridade absoluta em qualquer forma. Houve um movimento mundial para acabar com qualquer sistema injusto baseado na obediência cega, ditadura ou qualquer liderança autoritária. Então seria contraprofético para religiosos(as) continuar com esse mesmo sistema autoritário na vida comunitária. Seria uma falta séria contra nosso profetismo religioso no mundo pós-moderno viver um modelo considerado nocivo à dignidade humana.

Com essa rejeição, vieram algumas consequências importantes. A primeira mudança foi que a interpretação unilateral do superior(a) não foi mais considerada "infalível" e a única e definitiva manifestação da voz de Deus numa comunidade religiosa. O superior poderia até errar em sua inter-

---

[7] O'Murchu, *op. cit.*, p. 142.

pretação sobre a vontade de Deus, e, de fato, errou seriamente em certas circunstâncias. O superior(a) mesmo teve de admitir com honestidade, que nem sempre foi fácil admitir, que ele(ela) não foi livre da possibilidade e da tentação para manipular a vontade de Deus por razões não muito evangélicas como orgulho, egoísmo, ciúme, inveja, e, sobretudo, por vingança. A motivação do superior(a) em seus discernimentos finalmente foi colocada em questionamento.

Portanto, acabou o monopólio sobre a interpretação da vontade de Deus na parte somente dos superiores(as). Superiores agora foram chamados primeiro ao discernimento *pessoal*, e só depois poderiam considerar a vontade de Deus na vida de seus coirmãos(ãs).

Segundo, o novo conceito de que cada religioso(a) deve participar nesse discernimento sobre a vontade do Pai em sua vida, que podemos chamar de *corresponsabilidade,* nem sempre foi aceito pelos superiores(as) que estavam perdendo seu poder conforme esse novo modelo. Nem os coirmãos(ãs) que queriam esconder-se atrás da obediência cega para livrar-se de responsabilidade adulta queriam o novo sistema de corresponsabilidade. Alguns(as) insistiram em continuar no velho sistema para poderem manter ou seu poder ou sua segurança infantil.

O novo conceito e o novo modelo, que vieram depois do Concílio Vaticano II, foram que a vontade do Pai é descoberta num processo de corresponsabilidade. A responsabilidade para descobrir a vontade do Pai não é mais exclusivamente do superior, mas, sim, do superior(a) junto com seus coirmãos(ãs) na comunidade.[8] Os dois são cor-

---

[8] Compêndio do Vaticano II, *op. cit.*, *Perfectae Caritatis*, n. 14, p. 498.

responsáveis diante de Deus para buscar e executar a vontade do Pai. Nenhuma decisão, portanto, que toca na vida particular de um consagrado(a) deveria ser feita sem a *consulta prévia e a participação ativa do próprio religioso(a)*. O processo de discernimento exige a participação paralela dos coirmãos(ãs) consagrados junto com o superior(a). A busca para descobrir a vontade do Pai, de repente, foi uma busca *a dois* e exigiu corresponsabilidade de ambas as partes.

Assim foi quebrado o mal de poder em um lado e, do outro lado, a irresponsabilidade de alguns coirmãos(ãs) que não queriam assumir sua parte no processo. Exigiu participação e responsabilidade mútuas. Houve uma viravolta total no relacionamento entre superior e coirmãos. O conceito de obediência evangélica e religiosa ainda se manteve no sentido de que depois de todo o processo de participação ativa do religioso(a), ele(a) colocou a decisão final nas mãos do superior(a). Mas agora, no contexto de uma escolha livre e adulta de obediência da parte do religioso(a).[9] Tudo isso deve acontecer depois de um processo que incluiu a participação ativa dos religiosos(as) na busca e no discernimento. Voltou para o sentido básico de que o superior(a) teve como missão ser um apoio para ajudar seus irmãos(ãs) a buscar viver a vontade do Pai em obediência livre e adulta. Não foi mais um modelo de poder, mas o superior(a) tornou-se um *guia espiritual* dos seus irmãos(ãs).

---

[9] *Vita Consecrata,* Paulinas: São Paulo, 1996, p. 84.

2. O modelo de administrador(a), outro modelo de poder

Outro modelo de superior(a) predominante por muito tempo na vida consagrada foi aquele que insistiu que *a essência* de um bom superior(a) religioso(a) era, sobretudo, ser um bom administrador(a). Os conselhos provinciais não consideravam se o superior era capaz de animar uma comunidade religiosa em sua fidelidade na consagração, mas, sim, se ele(ela) era um bom administrador(a). *O superior, então, existia em prol das obras* mais do que na missão de promover a fidelidade na vocação religiosa em todos os seus aspectos: comunitários, fraternos e missionários, segundo o carisma da congregação.

A obra, infelizmente, foi encarada muitas vezes não como um serviço evangélico, mas, sim, do ponto de vista de *lucro*. O superior(a) que lucrou mais foi o "melhor superior(a)", e segurava essa posição de poder para o futuro nas próximas transferências. A base de discernimento era que quem lucrava mais subiu na escada para os lugares maiores e melhores. E, é claro, essa promoção incluiu todos os privilégios pessoais que vieram com tais cargos. *A obra e seu lucro, então, tornaram-se mais importantes do que os próprios consagrados(as) que trabalhavam nessas obras.* Criamos uma força trabalhadora barata e, às vezes, desumana, aproveitando dos membros da comunidade para manter nossas obras.

No processo, os superiores(as) esqueceram-se dos assuntos mais essenciais como fidelidade à consagração, a oração, a vida espiritual em geral, a fraternidade, e o bem-estar dos membros da comunidade. Foi criado todo um esquema espiritual e até uma teologia na formação inicial para glorificar o trabalho como se fosse esse a "essência" da vida consagrada e o sinal único de fidelidade. Uma frase ilustrou essa teologia errada: "Meu trabalho é minha oração". Quem trabalhou bem foi um bom candidato(a) cheio do carisma da congregação. Quem até prejudicou sua saúde ou sua espiritualidade porque sempre agiu numa atividade frenética foi considerado "santo(a)" e exemplar. Mas se alguém honestamente questionou esse sistema, ou saiu do esquema fanático do trabalho, tentando até viver uma vida balançada ou uma espiritualidade como foi apresentado nas próprias constituições, esse(a) foi taxado como um religioso(a) preguiçoso(a). Sem querer, assumimos até uma ética calvinista dentro da vida religiosa, que ensinou que quem trabalha sempre e com mais energia era "predestinado" e considerado um dos salvos. Ficamos tão presos a essa ideologia que, até durante o tempo de recreio, os membros de uma comunidade tinham de *fazer algo* ou eram taxados de estar "gastando tempo à toa" e, por isso, sendo maus religiosos(as).

 Até nossos critérios para a seleção de candidatos(as) em nossas congregações caíram nessa linha de valor do trabalho em prol da obra. Um candidato(a) que trabalhou bem e não reclamou passou sem dificuldades na seleção final. Mas nem sempre foram consideradas no processo de seu discernimento vocacional as qualidades mais importantes, como sua capacidade para viver em comunidade, suas motivações vocacionais, sua espiritualidade e sua experiência de Deus. Muitos candidatos(as) que, de fato, eram bons candidatos foram deixados de lado porque não cabiam dentro dessa ética de trabalho em prol das obras. Outros candidatos "trabalhadores" foram aceitos sem questionamentos mais sérios e estamos sofrendo até hoje com alguns(as) que, infelizmente, nunca tiveram nenhuma vocação ou, ao menos, não tiveram a capacidade para viver em comunidade. O discernimento foi em prol da obra e não das qualidades dos candidatos(as).

A formação inicial desses candidatos nesse modelo visava mais uma força de trabalho barato do que um processo para aprofundar seu discernimento vocacional e sua formação religiosa e humana. Em algumas congregações, esse modelo administrativo está ainda sendo valorizado em prejuízo do discernimento vocacional. Os candidatos(as) não têm tempo para rezar e aprofundar sua motivação vocacional. Só trabalham e caem mortos na cama à noite, muitas vezes sem oração pessoal, sem meios para aprofundar sua chamada vocacional, sem experimentar o valor de uma vida comunitária.

Não posso exagerar o mal e o sofrimento que esse modelo causou, e que continua causando, em pessoas consagradas e em candidatos(as) à vida consagrada. Quando tudo está orientado ao redor da obra e do trabalho para poder simplesmente manter essa obra, os indivíduos da comunidade são sacrificados e sofrem. Essas pessoas são colocadas abertamente num segundo lugar de importância e na periferia da vida consagrada. O valor pessoal dos membros de uma comunidade religiosa é sacrificado em prol da obra e, pior ainda, do lucro. Há alguns religiosos(as) que cedo na vida chegaram a uma estafa física, onde até atendimento médico foi recusado para eles. Alguns religiosos(as) perderam o sentido da vida consagrada porque nunca tiveram uma chance para desenvolver sua vida espiritual e seus talentos natos, porque o trabalho tomou o primeiro e principal lugar na vida deles. Muitos(as) nem tiveram chance para rezar uma oração de intimidade com Deus e fazer bons retiros. Alguns simplesmente trabalhavam o dia inteiro e, quando chegava a noite, não tinham nenhuma força humana para rezar. Tornaram-se "funcionários públicos" e não pessoas consagradas. Começaram a secar por dentro e o sentido de consagração e de intimidade com Deus dramaticamente parou. Alguns religiosos(as), iniciando sua terceira idade, partilharam isso comigo durante seu curso de CERNE. Chegou até o ponto que alguns religiosos(as) contaram que foram impedidos(as) até de aprender a ler e escrever porque o trabalho era o mais importante. Muitas religiosas são revoltadas porque chegaram até a segunda e terceira idades e sempre seus pedidos justos para estudar alguma coisa, ou outros pedidos nessa linha de realizações humanas, foram rejeitados porque o trabalho era o mais importante. Simplesmente foi citado que "tudo isso era a vontade de Deus". Mais uma vez, quem apanhou e causou os sofrimentos neles(as) foi Deus. Tais pedidos para melhorar sua vida holisticamente foram considerados até como uma manifestação de orgulho. Parece que nunca tivemos a coragem de admitir que esse modelo foi, de fato, em prol das obras e do lucro e certamente não em prol do bem do Reino e de nossos coirmãos(ãs). Houve muitos pecados cometidos contra nossos irmãos(ãs) quando uma congregação optou por viver esse modelo, que foi e infelizmente continua sendo muito forte entre algumas congregações femininas e especialmente durante a formação inicial.

DINÂMICAS DE PARTILHA

Dinâmicas que podem ser usadas em reuniões da comunidade para facilitar a partilha de vida sobre os assuntos deste capítulo 1. Todos são convidados(as) a participar, mas não pode ser algo forçado.

Sobre o modelo da pirâmide:

1. Você pessoalmente vivia sob o modelo da pirâmide em sua caminhada na vida religiosa?
2. Você acha que esse modelo ainda existe em sua província? Como?
3. Como você pessoalmente sentiu vivendo sob esse modelo da pirâmide? Poderia partilhar seus sentimentos com seus coirmãos(ãs)?
4. Como a província pode começar um processo para mudar esse modelo de poder no nível local e provincial?

Sobre o modelo de administrador(a):

1. Você já experimentou na vida religiosa esse modelo de administração?
2. Como você sentiu-se sendo uma pessoa consagrada vivendo esse modelo?
3. Você acha que sua pessoa foi sacrificada dentro desse modelo? Como?
4. Você pessoalmente sofreu com as consequências desse modelo? Poderia partilhar seus sentimentos com seus coirmãos(ãs)?
5. Ainda existe esse modelo em sua província ou comunidade local?
6. Como a província pode confrontar-se com esse modelo para buscar mudanças?

Capítulo II

AS MUDANÇAS QUE DERRUBARAM ESSES MODELOS DE PODER

Por causa de razões externas, especialmente uma nova abertura fornecida pelo Concílio Vaticano II, e da pós--modernidade, e por razões internas nas congregações, especialmente o escrito de nossas novas constituições, esses dois modelos, da pirâmide e da administração, começaram a ser questionados. Esses questionamentos lentamente introduziram um processo que levaria os religiosos(as) a duvidarem do valor absoluto desses dois modelos. Não foram imediatos esses questionamentos nem foi fácil o processo. Não foi fácil falar abertamente sobre essas "novas" coisas em comunidade, especialmente diante do prospecto de alguém perder seu poder e de questionar algo considerado sagrado e tradição.

Nem sempre houve honestidade e uma busca evangélica para descobrir o que Deus quis de nós nessas matérias sobre a obediência religiosa. Mas tais questionamentos começaram naturalmente a derrubar essas mesmas estruturas que controlavam a vivência da vida consagrada por vários séculos. E para não deixar um vácuo, as congregações foram convidadas mundialmente a refletir sobre possíveis modelos alternativos. Houve uma busca para acolher novos modelos mais evangélicos. Sem perceber, estávamos começando um processo de *refundação teológica* numa área importante de nossa vida consagrada. Houve um esforço para dar mais importância e força para nossa profecia religiosa no mundo pós-moderno. Vamos ver algumas das razões que iniciaram o processo para derrubar a essência dos velhos modelos de superiores(as), e introduzir com coragem novos modelos.

1. Dos primeiros passos de nossas províncias

Em nossas congregações, podemos agora com calma fazer uma leitura mais crítica dos primeiros passos de nossas províncias. O primeiro momento forte da vida consagrada nos últimos séculos, em várias de nossas congregações, foi a chegada de muitos religiosos(as) estrangeiros para o Brasil. Eles chegaram com muito zelo e, de fato, acharam um campo amplo para viverem seus carismas congregacionais. Faltava, em geral, na sociedade e no governo, um sentido responsável sobre seu dever no campo social, ou podemos dizer, até faltava uma consciência social. Por isso, os religiosos perceberam que sua contribuição profética estaria exatamente nesse campo social, assistencial, ou nas obras de caridade. Com o auxílio financeiro dos cristãos de seus países de origem, as congregações começaram a construir muitas obras sociais. Hospitais, escolas, creches, asilos, seminários menores e maiores em números surpreendentes foram levantados especialmente na primeira parte do século passado. Logo vieram muitas vocações para poderem manter essas obras por muitos anos. Foi algo fantástico e realmente profético. Foi uma profecia evangélica porque, no começo, os destinatários de tudo isso eram mesmo os mais pobres, marginalizados, e estrangeiros recentemente chegados ao Brasil e perdidos sem pastores. Religiosos(as), em muitos campos sociais, cumpriram os deveres do governo para cuidar do seu povo pobre. Mas circunstâncias iam mudar essa realidade e, em geral, os religiosos(as) não estavam prontos para perceber que os sinais dos tempos estavam mudando. Os religiosos(as) não acompanharam que tais mudanças iam influenciar grandemente em nosso ser e agir religioso na Igreja e na sociedade no futuro próximo.

Nas últimas décadas, o governo brasileiro criou uma certa consciência social sobre o fato de que era ele quem deveria cuidar de seu povo pobre e sem recursos. Os governos, nacional, estadual e municipal, finalmente começaram a assumir seus deveres sociais. Não quero dizer que suas motivações sempre foram evangélicas ou puras. De fato, muitas vezes, houve simplesmente um jogo de poder e de política. Mas onde os religiosos tiveram um certo monopólio sobre setores da sociedade, agora eles(as) se acharam competindo com o governo. De repente, bolsas, convênios e funcionários(as), pagos pelo governo, dramaticamente pararam e foram transferidos das obras religiosas para as obras do governo. Ficamos sem essa ajuda financeira absolutamente necessária para manter nossas obras. O resultado foi doloroso e evidente. Muitas de nossas obras tiveram de fechar por falta de recursos ou de funcionários ou dos próprios religiosos(as) remunerados pelo governo. Qual congregação foi e é capaz de competir no campo de medicina com os grandes hospitais do estado? As escolas, por forças maiores, precisavam aumentar cada vez mais sua mensalidade e, por isso, muitos pais tiraram seus filhos de nossos institutos por falta de dinheiro. Tornou--se inviável manter nossas escolas em toda a sua postura de educação cristã porque a maioria dos professores não é mais composta de religiosos(as) mas, sim, são leigos e não necessariamente católicos praticantes. Também perdemos nossa fonte de trabalho barato com a falta de novas vocações. Tudo isso já começou a influenciar e a mexer com a imagem e a postura do superior(a) da comunidade especialmente no modelo de administrador(a).

2. A falta de novos vocacionados

Junto com essa realidade veio mais uma outra. Não há tantos vocacionados(as) como no passado para podermos manter nossas obras. É uma realidade que quase todas as congregações estão sentindo. No outro lado, há a crescente realidade da terceira e quarta idades em nossas fraternidades. Muitos membros de nossas congregações são incapazes de trabalhar no mesmo ritmo como trabalhavam no passado. Muitos são doentes e estão na idade de aposentar-se com dignidade. De repente, temos o mesmo número de obras, mas cada vez menos membros religiosos para mantê-las. Mais uma vez, a solução dolorosa foi, e continua sendo, a decisão necessária de deixar algumas dessas mesmas obras. De novo, a imagem do superior(a) local como poder ou administrador(a) começou a enfraquecer.

3. Ênfase na importância da vida em comunidade

Mais uma mudança teve efeito na imagem e no dever de um superior(a) local. Depois do Concílio Vaticano II, houve muito mais ênfase na importância da vida em comunidade.[10] No século passado, por uma porção de razões que não vamos tratar aqui, perdemos muita força em nossa profecia de fraternidade e sobre a finalidade por que vivemos juntos em comunidade. O modelo de superior(a) como poder-administrador exigiu que houvesse comunidades grandes com estruturas rígidas para manter as obras, o lucro e o controle de poder. De repente começamos a ler artigos frisando a importância da amizade fraterna e a necessidade de ter tempo para estar juntos. Começamos a ouvir novas palavras como a partilha de vida e de fé sendo partes essenciais de nossa vida em comunidade. Percebemos que houve faltas muito grandes em nossas comunidades porque o estilo de vida favoreceu mais a administração do que a fraternidade.[11]

A mudança mais radical foi o apelo para deixarmos nossos grandes conventos e profeticamente vivermos entre e como o povo pobre e simples em casas populares (Medellín, Puebla, CRB). Os apelos para vivermos maior opção pela justiça e pelo Reino a partir dos pobres questionaram os modelos de poder em nossas comunidades. Uma resposta concreta para realizar esses apelos foi a de vivermos em comunidades menores. Essa radical mudança teológica e social tocou também na postura e na imagem do superior(a) local. Nessas comunidades menores, o superior(a) perdeu muito na linha de poder e de administração. O novo modelo exigiu a *participação de todos em tudo*. O movimento inicial de inserção, logo depois

---

[10] *Vita Consecrata, op. cit.*, Capítulo II, p. 79-109.
[11] Guerrero, José Maria, *Vinho Novo em Odres Novos*, Publicações CRB/2000: Rio de Janeiro, p. 33.

das Conferências dos Bispos da América Latina, teve grandes sucessos e também grandes fracassos, dependendo do conhecimento e da aceitação do novo modelo por parte do superior(a) local e por parte de todos os envolvidos nas novas experiências. Sem fazer uma séria reflexão teológica, especialmente da contemplação de Cristo encarnado que "desceu", "se aniquilou" e "se esvaziou", o novo modelo seria condenado simplesmente a continuar com o velho modelo em um lugar social diferente. Somente trocamos o lugar físico sem trocar a estrutura de superior(a) e do conceito da obediência. As comunidades inseridas colocaram também em questionamento o lugar de nossas obras tradicionais em nossas províncias. Muitos vocacionados da nova geração acham dificuldade em aceitar certas de nossas obras, e buscam alternativas segundo o espírito original do carisma congregacional. Essa situação causou, e ainda causa, muita dor, incompreensão nos dois lados, e infelizmente, julgamento e a formação de "partidos políticos" em nossas assembleias e capítulos. E nem sempre essa situação reflete os princípios do Evangelho quando a província se reúne em sessões de discernimento sobre suas obras apostólicas na Província. E o pior de tudo é quando um superior(a) local tem de liderar e lidar com esses partidos opostos na mesma comunidade. É difícil ser superior(a) hoje.

4. Mudança no estilo de vida comunitária

Com a mudança no tamanho das comunidades, seja pela preferência em viver nos meios populares, ou pelas mortes que ocasionaram vagas não preenchidas com novas vocações, o estilo de vida comunitária começou a mudar.

Mais uma vez, muitas coisas mudaram por causa dos cursos e orientações oferecidos pela CRB nacional e regionais, e outras entidades que forneceram meios para a formação permanente. Também o estudo da psicologia começou a introduzir mudanças na *qualidade* de nossa fraternidade. A nova geração não aceita mais, e às vezes com muita razão, algumas de nossas estruturas tradicionais que foram consideradas "intocáveis". A maioria de nossas congregações adotou formas e estruturas *monásticas* apesar do fato de que somos congregações *ativas*. Ou optamos por essas estruturas, ou a Cúria Romana insistiu para que tais estruturas fossem escritas em nossas constituições muitas vezes contra o próprio espírito do fundador(a).

A base dessas estruturas monásticas foi mais na linha de ascetismo, da mortificação e a predominância *da lei sobre o espírito*. Tivemos de lutar contra o "mal do corpo" e contra coisas materiais em qualquer forma como se fossem nossos inimigos. Por isso, houve em nossas estruturas tempos fortes de mortificação externa como no Advento e na Quaresma. Houve jejuns de comida e certamente muito jejum de conversa normal e saudável com o grande silêncio, pequeno silêncio, silêncio durante as refeições com leituras espirituais, silêncio depois do almoço, e sei lá quantos mais outros silêncios. Não é de surpreender que não nos conhecêssemos uns aos outros! Falamos e partilhamos pouco entre nós e sobre nós mesmos. Isto seria considerado por muitos escritores espirituais do passado como algo perigoso, se não, uma manifestação de orgulho. Houve uma carência de aprofundar os relacionamentos humanos e afetivos nas estruturas comunitárias. Fomos ensinados a suspeitar até das amizades saudáveis, chamadas de "amizades particulares", porque iriam nos afastar de nosso único amigo, Cristo. Nesse caso e certamente escondida, foi sempre a questão do homossexualismo. E, finalmente, quando poderíamos conversar, fomos mandados a trabalhar para manter a obra e conseguir lucro.

A nova geração de pessoas consagradas simplesmente rejeita em sua totalidade tais estruturas que, de novo, causaram muitos sofrimentos e uma atmosfera penosa de suspeitos entre os consagrados(as).[12] A nova geração coloca muita ênfase na amizade dentro do contexto da comunidade religiosa. A nova geração percebe o valor incrível de uma comunidade que reza junto, não só no sentido de rezar juntos, mas na partilha de suas experiências de Deus e de vida.[13] Mais uma vez, quem ficou no meio de tudo isso para fazer a transferência de modelos e fornecer uma síntese do novo com o velho foi o superior(a). Alguns(as) foram felizes em suas tentativas. Outros(as) não tanto. Não por má vontade, mas porque faltaram recursos sobre como viver vinho novo em odres novos. Foi um período muito difícil tentando fazer um casamento entre os valores verdadeiros contidos na tradição, jogando fora o caduco, e introduzindo o novo de uma forma criativa. Não foi fácil ser superior(a) nesse tempo, e o problema nem sempre foi ou é bem resolvido até hoje em algumas congregações.

5. Princípios egocêntricos da pós-modernidade

Parece, até agora, que há somente problemas da parte dos superiores. Para concluir assim seria muito errado e injusto. Há muitos problemas que começam com os membros da comunidade. Erros foram introduzidos com uma

---

[12] *Ibid.* 41.
[13] *Ibid.* 33.

interpretação errada sobre alguns princípios da psicologia e da pós-modernidade que estão em oposição total com os princípios do Evangelho e da obediência consagrada. A pós-modernidade trouxe uma profunda libertação para nossa vida religiosa. Ela nos afastou de muitos erros humanos e espirituais. Ela nos colocou no desafio de vivermos nossa vida como adultos na fé e na corresponsabilidade, no discernimento sobre nossas próprias vidas. No entanto, alguns princípios da pós-modernidade, que não combinam com a mensagem do Evangelho, também entraram em nossos conventos. Por falta de integração ou de um confronto da pós-modernidade com os princípios do Evangelho, vários erros cresceram e notavelmente causaram problemas entre superiores(as) e seus coirmãos(ãs). Existe um individualismo doentio introduzido nas últimas gerações que foi influenciado pelos princípios egocêntricos dessa pós-modernidade. Existe uma moralidade profundamente pagã onde a discernimento sobre toda moralidade é determinado pelo "eu" sem precisar levar em conta o resultado nos outros membros da comunidade. É uma atitude totalmente antievangélica e, infelizmente, já existe dentro de nossos conventos.[14]

Quando os princípios da pós-modernidade não são questionados pelos princípios do Evangelho, existe uma atmosfera de egoísmo exagerado dentro da comunidade religiosa. Alguns consagrados(as) simplesmente acreditam que a congregação existe para seu bem e, por isso, nada que eles determinam pode ser questionado pela comunidade e sobretudo, pelo superior(a). Tudo está em prol do "eu", e o "nós" não entra na questão nem no discernimento. Esse é um problema muito sério que precisa ser enfrentado desde

---

[14] *Ibid.* 42.

o começo, na formação inicial, se um candidato(a) simplesmente não quer ou não é capaz de assumir o espírito de doação de si mesmo, necessário para formar uma comunidade. A vida adulta de comunidade religiosa exige um "morrer para si" para dar vida ao outro. Então, se essa resistência a essa dinâmica acontece, devemos ter a coragem para apontar que a vida consagrada e comunitária não é para essa pessoa.[15] Ela nunca vai ser realizada e, pior, vai causar muitos problemas na vida dos outros membros da comunidade consagrada.

6. Alternativas para os modelos do poder e da administração

E, finalmente, a maior mudança aconteceu sobre a questão de qual é o lugar e o dever do superior(a) provincial, local e dos mestres dos formandos(as) no meio de tudo isso. Certamente os modelos de poder em vigor começaram a ser questionados. Não foram aceitos mais os modelos do poder e da administração, e assim começamos a buscar as alternativas. Buscamos essas alternativas, primeiro no passado, nas primeiras comunidades dos Padres do deserto no início da vida consagrada na Igreja. Buscamos alternativas baseadas na redescoberta da teologia da vida consagrada. Buscamos alternativas na riqueza das descobertas nos campos da sociologia, da psicologia e da espiritualidade. Buscamos alternativas nas tradições autênticas de nossos fundadores(as) e na história de nossas congregações.

---

[15] Schneider, *op. cit.*, p. 55.

De tudo isso, começaram a se formar novos modelos de superior(a). A maior mudança, que veio da redescoberta dos Padres no deserto, foi que o superior(a) é sobretudo um *pastor(a)* de seus irmãos(ãs), ou um *guia espiritual* de seus irmãos(ãs).[16] Não poder, nem administração, mas o superior deve ser visto como aquele que ministra o amor e a caridade aos membros de sua comunidade. Jesus já indicou isso quando disse a Pedro: "Você me ama? Então, *cuide* dos meus cordeiros" (Jo 21,15-19).

Esse novo modelo é baseado na própria imagem de Cristo como o Bom Pastor e em nosso desejo de ser uma continuação de Cristo com nossos coirmãos(ãs). E como é que podemos ser pastor(a) e guia espiritual de nossos irmãos(ãs)? Há sempre vários níveis de relacionamento entre os membros de uma comunidade. O relacionamento nunca vai ser igual para todos. O primeiro dever de um pastor(a) é acolher, amar e servir a todos os seus cordeiros *sem distinção de pessoas*. É um amor adulto que busca o bem do outro. Exige um sair de si mesmo para ver o rosto de Cristo nos membros da comunidade. Isto não é tão fácil como parece. Exige muita oração e um confronto pacífico e orante diante de nossos próprios sentimentos, sejam eles no campo de aceitação ou rejeição. É impressionante como não nos permitimos admitir que tais sentimentos possam existir em nós mesmos. O superior(a) precisa rezar e purificar esses sentimentos especialmente aqueles que podem causar fechamento em seu coração. Precisa buscar um confronto evangélico consigo mesmo para purificar o que não é evangélico e poder amar a Cristo na pessoa de seu coirmão(ã). "Pedro, você me ama? Então tome conta das minhas ovelhas" (Jo 21,16).

---

[16] *Ibid.* 63.

7. A questão da obediência religiosa

Em todos os questionamentos sobre o dever de um superior(a) nesse novo modelo de guia espiritual, um aspecto se sobressaiu. Foi, e continua sendo, a questão da obediência religiosa. Aqui, mais do que em qualquer outro campo da renovação na vida consagrada, houve dores, conflitos, desentendimentos, divisões e brigas abertas. Muitos religiosos(as) não acompanharam a nova teologia sobre o voto da obediência. Vimos que uma grande descoberta foi que o superior não teve mais monopólio sobre o discernimento da vontade do Pai. É um processo de corresponsabilidade onde os dois, superior e coirmão, buscam juntos essa vontade do Pai. Alguns(as) aceitaram esse novo sentido e cresceram. Outros(as) não, e insistiram em manter e promover os velhos modelos de poder. Tudo começou por causa de uma visão distorcida sobre o voto da obediência. Por isso, nesse próximo capítulo vamos tentar aprofundar o sentido teológico da obediência religiosa e quais seriam os deveres do superior(a) na vivência da obediência dentro dessa nova visão, ou melhor, dessa redescoberta teológica do voto da obediência.

DINÂMICAS DE PARTILHA

Dinâmicas que podem ser usadas em reuniões da comunidade para facilitar a partilha de vida sobre os assuntos desse capítulo 2. Todos são convidados(as) a participar, mas não pode ser algo forçado.

Sobre mudanças acontecendo nas congregações:

1. Como você sente essas duas possíveis realidades em sua congregação:
   a — menos recursos humanos?
   b — menos recursos financeiros?
2. Como a província deve encarnar essas realidades, em sua opinião? Com desânimo ou com coragem para crescer dentro dessas realidades? Como?
3. Como essas realidades têm tido efeito no relacionamento entre superior(a) e seus coirmãos(ãs)? Melhorou ou ficou mais difícil?

Sobre comunidades menores e inseridas:

1. Os membros de sua comunidade e/ou província sentem uma diferença entre comunidades grandes e comunidades menores inseridas nos meios populares? Qual das duas você pessoalmente achou melhor? Por quê?
2. Quais são as diferenças positivas e as dificuldades encontradas nessas comunidades menores inseridas?
3. Qual é o papel de um superior(a) local em uma comunidade inserida? É diferente de uma comunidade grande e tradicional? Como?

Sobre as estruturas que ou ajudam ou atrapalham a fraternidade:

1. Você teve alguma experiência na vivência de uma comunidade onde as estruturas impediram a possibilidade de amizades entre os seus membros? Quais?
2. Como você pessoalmente se sentiu dentro dessa estrutura?
3. Você cultiva amizades mais íntimas com alguns membros de sua comunidade? Se não, o que está impedindo que isto aconteça?

4. Você acha que amizades íntimas devem existir dentro da estrutura da vida consagrada? Por quê?
5. Como vai a formação contínua nessa linha de amizades evangélicas, está caminhando em sua província?

Sobre problemas entre os membros de uma comunidade:

1. Você acha que existe algum desses problemas pessoais mencionados no texto entre os membros de sua comunidade local e provincial?
2. Quais são os problemas que tocam mais em sua comunidade atual?
3. Como podemos nos confrontar com esses problemas numa maneira adulta e evangélica?
4. Qual é sua opinião sobre a formação inicial de sua província a respeito de confrontar possíveis problemas na comunidade? Deve ser mais enérgica ou menos enérgica na seleção de candidatos(as)?

Sobre o papel principal de um superior em uma comunidade:

1. O que você pessoalmente entende por "pastor(a)" ou "guia espiritual" como o dever principal de qualquer superior(a)?
2. Você acha que esse novo modelo pode ser implementado numa comunidade religiosa de hoje em dia? O que precisa mudar em nossas estruturas para podermos acolher esse novo modelo?
3. Você gostaria de se sentar mensalmente para uma conversa amiga com seu superior(a)? Por quê?

Capítulo III

A TEOLOGIA DO VOTO DE OBEDIÊNCIA

1. Introdução

Não é fácil ser superior(a) hoje em dia. Embora existam muitas fontes de dificuldade no ser e no agir de um superior(a), uma dificuldade se destaca. É o problema da obediência religiosa. Já vimos que houve dois extremos sobre a obediência nos últimos tempos. Um modelo de poder onde todo discernimento sobre a vontade do Pai esteve somente com o superior(a) e um modelo de anarquia generalizada onde ninguém assumiu a responsabilidade de superior(a) e, consequentemente, da vivência comunitária da obediência. Cada membro da comunidade tornou-se o intérprete infalível da vontade do Pai. Os dois extremos foram errados, mas foi difícil achar e implementar uma síntese cristã e teológica da obediência religiosa segundo os avanços das ciências sagradas e seculares.

As duas extremas visões mencionadas, poder e anarquia, causaram bastante confusão, se não conflitos abertos entre superiores e coirmãos. Uma causa, sem dúvida, foi que nós religiosos(as) fomos um pouco atrasados em perceber, aceitar e introduzir os avanços de todas as ciências no contexto da consagração religiosa. Esses avanços nos deram novos modelos de como devemos ser superiores(as) e pistas sobre a questão prática da obediência religiosa. Essas mudanças radicalmente tocaram nas atitudes religiosas exigidas de um superior(a) e dos coirmãos(ãs) numa comunidade religiosa. Sem qualquer dúvida, estamos falando de todo um processo de *conversão* de ambas as partes, do superior(a) e dos coirmãos(ãs).

Conversão é essencial nesse processo para refundar a vida consagrada e viver um novo sentido teológico da obediência. A conversão particular já é um desafio diário na vivência da consagração, mas quando falamos de conversão de estruturas, o processo é sempre mais difícil, mais demorado e mais custoso.

Recentemente houve situações na vivência da obediência que causaram bastante dor. Dor humana, dor espiritual e dor comunitária. Houve experiências de mágoas nos dois lados: superior(a) e coirmão(ã). Muitos ficaram "queimados" seja na parte do superior(a) ou do coirmão(ã) porque não acolheram bem as mudanças teológicas que estavam acontecendo. Dor que veio por causa das visões diferentes, dos conflitos entre as gerações diferentes e do conteúdo diferente recebido na formação inicial. Dor que veio por falta da formação permanente necessária em nossas províncias.

Muitos superiores(as) já formados por algum tempo não estavam entendendo o que os novos formandos(as) receberam nos cursos de Novinter e de Juninter fornecidos pela CRB. Houve desenvolvimentos teológicos sobre a obediência religiosa, mas muitos superiores(as) simplesmente não estavam por dentro dessas mudanças. Isto certamente criou, no contexto comunitário, dor, desentendimentos, mágoas e até desistências de nossas fraternidades religiosas. Foi, e possivelmente ainda seja, um assunto muito delicado. Criamos escolas diferentes que são opostas e que brigam entre si ao invés de seriamente buscarmos uma síntese libertadora que pode criar unidade na diversidade. Essas diferenças aparecem mais abertamente em momentos de nossas assembleias e capítulos provinciais. São momentos de tensão, de busca de poder e, por isso, a busca da vontade do Pai infelizmente fica em segundo lugar. Precisamos crescer muito na escuta respeitosa de uns aos outros. Precisamos descobrir de novo o sentido profundo de ser uma comunidade que *escuta* e *procura* a vontade do Pai.[17]

Vamos agora tentar apresentar um resumo teológico do voto da obediência para podermos entender o avanço teológico sobre esse voto desde os tempos que muitos de nós fizemos nosso noviciado. Muitos de nós fomos formados com os velhos modelos autoritários da obediência que, sem dúvida, coloriram nosso conceito sobre o dever do superior(a) e seu relacionamento com os coirmãos(ãs). A meu ver, a nova teologia sobre a obediência é, ao mesmo momento, uma libertação, mas também um desafio para viver uma consagração religiosa mais autêntica, livre e mais adulta. É um convite para assumirmos nossa vida consagrada como adultos(as) na fé e com uma corresponsabilidade mútua. É importante entender sua parte respectiva nesse processo como superior ou como coirmão para que possamos viver essa obediência na liberdade. Assim seremos profetas do reino.

---

[17] O'Murchu, *op. cit.*, 144.

2. Jesus e sua obediência

Como sempre, nosso modelo na vida consagrada é Jesus encarnado que assumiu toda nossa fraqueza humana incluindo uma vida sincera e intensa da obediência (Fl 2,6-11). Por isso, toda reflexão sobre a obediência religiosa começa e termina na pessoa de Jesus Cristo, o obediente diante de seu Pai. Em todos os Evangelhos, especialmente em Lucas e João, e mais ainda na teologia de São Paulo, Jesus está apresentado como o Salvador exatamente por causa de sua obediência à vontade do Pai (Jo 4,34; 5,19; 6,38; 8,29; Rm 5,6-11). Desde o começo, então, devemos entender que a obediência religiosa fala de um mistério divino que revela para nós o processo contínuo da salvação em e por Cristo. E, mais desafiador, esclarece nossa participação ativa nesse processo salvífico para salvar o mundo de hoje através de nossa obediência. Obediência religiosa simplesmente é um desejo sincero de querer *continuar profeticamente a obediência de Jesus Cristo* e participar com ele na salvação do mundo hoje, que é a vontade de nosso Pai.

Para entender melhor o processo da obediência em Jesus, precisamos entrar na preexistência de Jesus como o Verbo (Jo 1,1-18). Depois, passamos por toda a história da salvação até o momento da Encarnação, um momento-chave na história da salvação. O mistério da Encarnação desemboca necessariamente no grande Mistério Pascal que é o mistério da obediência. Mas o mistério da obediência só terá sentido se entendermos que a motivação de Cristo em sua obediência foi seu *amor filial e total ao Pai*. A obediência de Cristo é o resultado de sua castidade, doação completa de sua pessoa ao Pai, e de sua consagração no amor radical ao Pai.[18]

3. O Verbo

Teologicamente, a obediência de Jesus começou quando ele era o Verbo do Pai, o Filho amado do Pai. Sua obediência filial começou *antes da criação do mundo*. "Ele existe *antes de todas as coisas* e tudo nele subsiste. Porque Deus quis nele habitar, para que por meio dele reconciliasse consigo todas as coisas, estabelecendo a paz pelo seu sangue derramado na cruz" (Cl 1,17-20). Esse texto toca profundamente na motivação motora atrás de qualquer ato de obediência cristã: o amor do Filho ao Pai para conseguir *a reconciliação da humanidade com o Pai*. Não podemos entender a obediência religiosa sem primeiro entender essa motivação motora: o amor do Pai e sua vontade "enlouquecida para salvar a humanidade".

Antes de o Pai criar o homem e a mulher a "sua imagem" (Gn 1,27), o Pai já sabia que eles iam quebrar sua aliança de amor. E mesmo assim, em seu imenso amor, Ele os criou (Ef 1,4). Esse amor criador do Pai exige muita contemplação para podermos entender o voto de obediência, porque o amor do Pai tem de ser assumido como a força motora e a motivação mais profunda de nossa obediência religiosa. Toda obediência começa no amor do Pai às suas

---

[18] Lozano, John, *Discipleship: Toward an Understanding of Religious Life.* Chicago: Claret Center for Resources in Spirituality, 1980, 224-227.

criaturas, e a resposta das criaturas é sua obediência aos pedidos e mandamentos do Pai. Não podemos falar de obediência sem primeiro perceber que se trata de um ato de amor. Obediência é um desejo de profeticamente continuar em tempo o amor do Pai à humanidade. E é exatamente esse conceito bíblico que foi esquecido na teologia do voto da obediência e que foi trocado por conceitos legais e canônicos na linha de poder. Foi o mesmo problema dos fariseus no tempo de Jesus. Eles se esqueceram do *espírito de amor* atrás do cumprimento da Lei e absolutizaram o cumprimento da lei em si como sua reposta de obediência. E Cristo veio para condenar essa atitude legalista (Mt 5,20; 23,13-29).

Diante dessa realidade de infidelidade futura do homem e da mulher, o Verbo ficou "voltado ao Pai" (Jo 1,2) que é um símbolo ou sinal de seu amor e de sua obediência filial ao Pai. O Verbo se oferece em sacrifício ao Pai para ser nosso Salvador. O Filho, por amor e em obediência, quis estar em comunhão com a vontade do Pai, e livremente se ofereceu para tornar-se um de nós (*Encarnação*); para ser nosso alimento e força (*Eucaristia*); e para ser o cordeiro imolado que ganharia para nós o perdão e a reconciliação com nosso Pai-Criador (*Paixão*). "Por meio do sangue de Cristo é que fomos libertos e nele nossas faltas foram perdoadas conforme a riqueza da sua graça" (Ef 1,7). O sangue de Cristo foi derramado para que ele pudesse estar em sintonia com a vontade salvífica de seu Pai. A obediência de Cristo nos salvou.

4. A Criação

Por amor, Deus Pai criou todo o universo. Foi um ato onde Deus Pai livremente saiu de si mesmo e doou-se para criar. Foi por amor que Deus criou. Mas a maior criação do Pai foi o homem e a mulher feitos *na imagem do próprio Criador*. Depois de criar o homem e a mulher, Deus fez com eles uma aliança de amor. Deus prometeu amar suas criaturas. Ele entregou, doou toda a natureza como um dom cósmico a eles. Ele deu-lhes dons excepcionais como a inteligência e a vontade livre. Deus deu para eles até um dom divino, a imortalidade. No plano original do Pai, a morte não ia existir. Deus deu para eles o dom da contemplação e da intimidade com Ele. Deus falava com eles *"face a face"* (Gn 2,15-25). Ele deu para eles a graça que foi uma participação na sua própria vida. Deus prometeu fornecer todas as graças necessárias para que eles pudessem ser fiéis a Ele. Deus nessa aliança de amor prometeu fazer tudo isso. Sua motivação foi somente o amor às suas criaturas.

Mas Deus também pediu a participação do homem e da mulher nessa aliança de amor. Deus pediu que eles expressassem seu amor filial através de um ato de *obediência*. Obediência significa, então, um ato de amor dirigido à pessoa do Pai-Criador; um ato de confiança no amor do Pai; um amor que se manifesta através da obediência fiel à vontade do Pai. Deus pediu somente uma coisa deles: que eles "... não comessem do fruto da árvore do bem e do mal" (Gn 2,15-17). Essa árvore simbolizou o poder e o direito para determinar sua moralidade. Moralidade é a ciência que determina o que é bom e o que é mal, por isso foi a árvore do bem e do mal. Deus pediu que, segundo essa aliança, a determinação do bem e do mal ficasse somente com Ele. Pediu, então, que o homem e a mulher confiassem no seu amor de Pai. Quando o Pai-Criador falou que tal coisa é boa, então é boa; quando falou que tal coisa é má, então é má. Deus não pode enganar seus filhos e suas filhas. E Deus e o homem e a mulher fizeram essa aliança de amor e de confiança mútua. Foi uma aliança de obediência mútua. Foi uma aliança de amor--mútuo. Os dois lados se obrigaram a cumprir sua parte na aliança.

5. O novo plano de amor do Pai

Mas o homem e a mulher quebraram a aliança de amor (Gn 3,1-7). Diante dessa rejeição da aliança-amor, houve resultados desastrosos. O homem e a mulher separaram-se do Pai; optaram por ficar num estado de desamor e de desobediência. Quebraram a aliança e sofreram as seguintes consequências. Primeiro, onde existia o amor mútuo, agora houve somente uma atitude de medo de Deus. Ao invés de intimidade, agora eles se esconderam quando ouviram os passos do Pai no jardim (Gn 3,8). Agora haverá a morte física e espiritual (Gn 3,17). Mas o pior efeito foi quando o homem e a mulher em seu *orgulho-desobediência* perceberam a verdade de que não foram iguais a Deus, mas que foi a tentação original: "Comer esse fruto e sereis iguais a Deus" (Gn 2,4). Pior, eles não podiam salvar-se a si mesmos dessa separação do Pai. A imagem bíblica é de que eles ficaram aprisionados na lama e no lodo longe de Deus e não podiam sair dessa situação por si mesmos. Foi uma descrição de seu desespero e uma situação sem saída e sem esperança. Foi nesse momento que o Pai de amor teve todo o direto para desligar-se de suas criaturas porque elas quebraram a aliança de amor. Mas seu amor não permitiu essa atitude. O Pai, então, declarou seu novo plano de amor.

Um dia o Pai mandaria um Salvador para livrar o homem e a mulher do lodo e da separação, e esse Salvador vai devolver para eles sua dignidade de filhos e filhas amados do Pai-Criador (Gn 3,14-15). Como já vimos, o Verbo, já antes da criação, tinha se oferecido para fazer esse ato de amor em nome de seu Pai. Já existiu a obediência do Verbo antes da criação do mundo. Já existia a obediência divina do Filho.

6. A história da Salvação

A maneira que o Pai determinou que essa salvação aconteceria foi por meio da *obediência*. Já que a queda veio por meio da desobediência, simbolizada pelo desamor e desconfiança no amor ao Pai, a salvação virá somente através da obediência, simbolizando o amor e a confiança no amor do Pai. Sinônimos da palavra obediência são sempre as conotações necessárias de amor e confiança na salvação do Pai. Obedecer é amar. Obedecer é confiar no amor do Pai.

Essa história de salvação incluiu uma lista de homens e mulheres extraordinários que foram obedientes diante dos apelos do Senhor para salvar a humanidade. As circunstâncias foram diferentes, mas o amor, a confiança e a obediência foram similares. Pessoas como Abraão (Gn 22,15-18), Moisés (Êx 3,1-4,18), os profetas e as profetisas (Is 6,1-8; Jr 1,4-10). Todos eles foram pessoas de profunda fé, amor e confiança na vontade do Pai. Foram ouvintes da palavra de Deus que se manifestou nos sinais dos tempos. Foram pessoas que primeiramente buscavam intimidade com Deus na oração e na leitura contemplativa de sua palavra para poderem conhecer e fazer sua vontade e muitas vezes através de muitos sofrimentos e da rejeição do próprio povo de Israel. Quando esses homens e mulheres disseram "sim, eis me aqui", a história da salvação avançou. Quando o povo de Israel disse "não", como foi o caso com a maioria dos reis de Israel, a história da salvação dramaticamente parou.

E chegou o momento crítico nessa história. Deus veio para uma jovem mulher extraordinária chamada Maria e pediu que ela fosse a Mãe do Salvador. E ela generosamente, com fé, amor e confiança, e também com medo, disse "sim". E "o Verbo se fez carne e habitou entre nós" (Lc 1,26-38).

A promessa do Pai foi finalmente realizada em seu Filho. O Verbo, como prometeu em obediência ao Pai, desceu. O Verbo desceu, se encarnou e se fez um de nós, assumindo em obediência todas as nossas limitações físicas, psicológicas e espirituais. Aquele que era rico e divino se fez pobre e humano (2Cor 8,9). E Cristo veio principalmente para cumprir a vontade salvífica do Pai. "*Vós não quisestes sacrifício nem oblação. Holocaustos e sacrifícios pelos pecados não vos agradaram. Então eu disse: Eis-me aqui, eu venho, ó Deus, para fazer a vossa vontade*" (Hb 10,4-6). Cristo veio, sobretudo, para ser nosso Salvador e Redentor através de sua obediência, cumprindo a vontade salvífica do Pai. Cristo veio para mostrar à humanidade "na carne" o rosto e o coração amoroso de seu Pai que quis somente salvar os que se separaram dele. Cristo veio para tirar a humanidade do lodo e da lama e renovar sua dignidade de filhos(as) de Deus. Cristo seria sempre nossa fonte de reconciliação com o Pai (Ef 1,7-8; Cl 1,20). Todo o Novo Testamento frisa que esse ato de salvação foi sobretudo *um ato de obediência* na parte de Cristo. Este é o tema central especialmente em São Paulo. Somos salvos porque Jesus foi obediente. O "novo Adão" confiou no amor do Pai através da obediência (Rm 5,15-19). Os três principais mistérios de Cristo, a Encarnação, a Paixão e a Eucaristia são mistérios da *obediência de Cristo* que manifestam o desejo louco do Pai para salvar toda a humanidade. Como diz Severino Alonso, "toda a vida de Cristo porta o sinal e o selo da obediência, ainda mais, toda sua vida não é mais que obediência e o pleno cumprimento do querer do Pai".[19]

7. O batismo de Jesus

Podemos ver todo esse processo do amor e da obediência filial de Cristo no seu batismo no rio Jordão, pelo profeta João Batista. O batismo de Jesus é o início de sua vida pública. Esse acontecimento, de fato, foi um resumo de toda a nova aliança do Pai à humanidade. Para Cristo--encarnado mesmo ele foi o momento-chave de decisão e de obediência em sua vida. Cristo vivia 30 anos em preparação para esse acontecimento, e levaria o resto de sua vida para cumprir o que ele significou. Jesus sabia que foi o momento para acolher em obediência o ser e o agir de tudo que foi predito sobre o Servo de Javé em Isaías. Tanto para o Pai quanto ao Filho foi um dos momentos-chaves na história da salvação. Foi um momento quando houve uma união de vontades entre o Pai e o Filho sobre a salvação da humanidade. Foi nesse dia que Cristo, em obediência,

---

[19] Alonso, *op. cit.*, 287.

recebeu sua missão do Pai e acolheu definitivamente a vontade salvífica do Pai. Nesse momento, Cristo colocou seu sim, sua vida inteira e tudo que aconteceria depois na Paixão e na ressurreição, nas mãos do Pai. Portanto, em Marcos e Lucas, a epifania e a carinhosa revelação do Pai depois do batismo foram dirigidas para Jesus mesmo e não para o povo ao seu redor: *"Tu és meu filho querido, em ti encontro meu agrado"* (Mc 1,11; Lc 3,21-22). O Pai reconheceu com carinho a obediência de seu Filho encarnado.

Cristo chegou perto do rio Jordão e escutou a pregação de João Batista. Cristo escutou e descobriu lá sua própria espiritualidade, sua missão e a vontade salvífica do Pai. Ele então pediu a recepção do batismo de João. Mas o batismo de João foi um batismo de arrependimento para pecadores (Mc 1,4; Mt 3,2). Foi para os que precisavam reconhecer sua infidelidade diante da aliança do Sinai e pedir perdão dos seus pecados. E Cristo entrou na fila. Jesus, o Verbo encarnado, juntou-se com toda a humanidade em pecado e separação do Pai. E João Batista ficou chocado, e tentou impedir Cristo (Mt 3,13-14). Mas Cristo insistiu. Ele soube o que estava fazendo. Aquele que foi sem pecado assumiu o pecado da humanidade para poder salvar a humanidade. Jesus tomou sobre si o pecado de toda a humanidade. Esta foi a missão do Servo de Javé: *"Todavia eram nossas doenças que ele carregava, eram as nossas dores que ele levava em suas costas. Ele foi esmagado por nossos crimes. Por suas feridas é que veio a cura para nós. Ele carregou os pecados de muitos e intercedeu pelos pecadores"* (Is 53,1-12). Cristo esteve bem consciente do que estava assumindo. Ele assumiu nesse momento a vontade do Pai que incluiu sua própria morte para poder fazer a reconciliação da humanidade com seu Pai. Batismo daqui por diante, para Cristo, teve o significado de morte e ressurreição. *"Devo ser batizado com um batismo, e como estou ansioso até que isso se cumpra!"* (Lc 12,50). E é por isso que, no próximo dia, João Batista profetizou a missão de Cristo para seus dois discípulos: *"Eis o Cordeiro de Deus que tira o pecado do mundo"* (Jo 1,29). João estava declarando a missão de Cristo assumida em obediência. O Pai tomou a iniciativa, como sempre, no processo da obediência. O Servo escuta e prepara seu "eis-me aqui". Jesus, no seu batismo, foi mandado para o povo de Deus para libertá-lo. Mas o Servo Sofredor soube que ele iria precisar oferecer sua vida em resgate para salvar a humanidade. Então, nesse dia de seu batismo, Cristo assumiu em obediência os quatro cânticos do Servo como *sua missão pessoal* (Is 42,1-9; 44,1-8; 49,1-9; 53,1-12). Ele esvaziou-se mais uma vez. Ele entrou no kénosis. *"Aquele que nada tinha a ver com o pecado, Deus o fez pecado por causa de nós, a fim de que por meio dele sejamos reabilitados por Deus"* (2Cor 5,21; Gl 3,13). O Pai achou em seu filho o novo Adão que vai cumprir sua vontade de salvação (1Cor 15,22-45). E o Pai soprou sobre seu Filho seu Espírito Santo e proclamou com carinho impressionante: "Tu és o meu Filho amado! Em Ti encontro todo o meu agrado" (Lc 3,22).

8. A Paixão de Cristo

Depois do batismo de Jesus, e de sua aceitação da missão para ser nosso Salvador em conformidade com a vontade salvífica do Pai, o resto de sua vida foi simplesmente uma caminhada para Jerusalém e o cumprimento de sua missão em obediência (Lc 9,51). Foi uma caminhada em obediência onde ele precisava progressivamente escutar a voz do Pai através da oração pessoal, através de sua comunidade, e da liturgia da palavra de Deus nas sinagogas e no templo. Cristo encarnado precisava escutar e buscar a vontade de seu Pai diretamente na oração e indiretamente através das mediações humanas do Pai.[20] Nada mostra mais plenamente sua humanidade nessa busca para conhecer e cumprir a vontade de seu Pai (Jo 4,34; 6,38).

O ponto alto dessa busca e o momento crítico em sua obediência foi a paixão de Jesus Cristo. Moisés e Elias já têm conversado com Jesus na transfiguração sobre "o êxodo de Jesus, que iria acontecer em Jerusalém" (Lc 9,30-31). Jesus sabia que "chegou sua hora" (Jo 13,1). Chegou o momento de passar (páscoa/êxodo) desse mundo e voltar para seu Pai. Foi o momento para amar a seu Pai e aos seus irmãos "até o extremo" pela obediência (Jo 13,2). Foi o momento de sua obediência radical, seu amor radical, e sua confiança radical no amor do Pai. São Paulo coloca esse momento de sua obediência como a fonte de nossa salvação e reconciliação com o Pai (Rm 3,25; 5,9; Ef 1,7; 2,13; Cl 1,14-20). Essa obediência filial encontra seu momento culminante na agonia de Jesus no Getsêmani quando Cristo entrou no grande abismo e escuridão da alma.[21] Foi sua "noite da alma". Foi o momento crítico de sua obediência, quando precisava confiar no Pai

---

[20] Alonso, *op. cit.*, 285.
[21] *Ibid.*, 289.

incondicionalmente e fazer seu ato sublime de submissão diante do querer do Pai.

Cristo livremente colocou em sacrifício sua vida como doação total de amor ao seu Pai para salvar a humanidade. *"Mas ele estava sendo transpassado por causa de nossas revoltas, esmagado por nossos crimes. Caiu sobre ele o castigo que nos deixaria quites; é por suas feridas que veio a cura para nós... Ele carregou os pecados de muitos e intercedeu pelos pecadores"* (Is 53,1-12). A instituição da Eucaristia foi o anúncio de sua morte e ressurreição e do novo sacrifício e da nova aliança do Novo Testamento. Um sacrifício que agora supera atos simplesmente externos, e, sim, é feito por amor através da obediência (Hb 7,25-28). Cristo por obediência tornou-se sacerdote e vítima ao mesmo tempo. Ninguém tirou sua vida. Jesus enfaticamente declarou que ele vai livremente doar sua vida como um Bom Pastor para cumprir a vontade de seu Pai (Jo 10,18). Ele "aniquilou-se", "esvaziou-se" em obediência, humildade e kénosis (Fl 2,6-11). Ele livremente *"entregou seu espírito"* (Jo 19,30; Lc 23,46; Mt 27,50). E foi através desse gesto total de doação, de amor radical e de obediência radical que nós fomos salvos (Rm 5,9-10; Hb 9,12-14). A obediência de Cristo divina e humana nos *salvou*. Esse gesto total de doação da parte do Filho desembocou no amor total do Pai ao Filho através do dom da ressurreição de Cristo. O Pai ressuscitou o Filho por causa de sua obediência radical. Obediência, então, é o caminho para a ressurreição de Cristo e de todos nós. *"Assim como, pela desobediência de um só homem, todos se fizeram pecadores, do mesmo modo, pela obediência de um só, todos se tornarão justos"* (Rm 5,19).

9. O voto da obediência

Teologicamente, o voto da obediência na vida consagrada é simplesmente o desejo sincero de continuar hoje na história de salvação o mesmo gesto da obediência de Jesus Cristo. Por isso, toda obediência é *Cristo-cêntrica*. Começa e termina na contemplação da pessoa de Cristo obediente.[22] É querer continuar hoje a profecia de Jesus numa maneira *visível* e *profética* no meio da Igreja e no mundo. Obediência, portanto, não fala em teorias, mas, sim, da vida concreta e das circunstâncias concretas. É um convite que vem de Deus Pai para entrar na dinâmica participativa da história da salvação. É um convite para entrar no interior do Pai pela contemplação, e conhecer e realizar seu desejo para salvar toda a humanidade de hoje. Obediência seriamente assumida, então, continua a salvação de Cristo em favor da humanidade hoje. Por isso, a obediência exige uma abertura radical para buscar e conhecer essa vontade do Pai. Essa vontade do Pai se expressa

— em nosso coração na intimidade de oração junto ao Pai, e,
— numa maneira toda especial, por meio de minha congregação ou ordem
— e, especificamente, por meio dos membros de minha comunidade religiosa,
— e, finalmente, por meio dos sinais dos tempos.

---

[22] Cantalamessa, Raniero, *O Mistério da Páscoa*, Editora Santuário, Aparecida, 1994, p. 27.

É todo o processo para buscar a vontade do Pai interiormente e por meios externos. É um processo pessoal, comunitário e corresponsável. É difícil falar da obediência religiosa sem tocar nesse aspecto comunitário que foi muito esquecido nos últimos tempos com os modelos de poder e de administração, onde tudo ficou somente nas mãos dos superiores(as) e nas considerações legais e morais. A comunidade tem o dever de ajudar uns aos outros a conhecer e executar a vontade do Pai. "Obediência começou a aparecer com a necessidade crescente da comunhão fraterna entre os anacoretas e semianacoretas, e se manifestou plenamente nas primeiras comunidades religiosas. Essa tendência caracteriza a comunidade religiosa não somente como uma comunidade que escuta, mas como uma comunidade que procura." Os membros da comunidade são uma fonte indispensável para manter uma atitude constante de vigilância diante dos projetos de Deus. Também, esse processo comunitário age como uma segurança contra qualquer desilusão, erro e interesses egocêntricos que cegam o coração para enxergar corretamente a vontade do Pai. Infelizmente, a obediência religiosa também está sendo infectada por alguns dos princípios da pós-modernidade, que não são evangélicos como um individualismo sem nenhum compromisso comunitário e missionário, e uma moralidade subjetiva com a ênfase no prazer, sem a necessidade de doar-se aos outros. Esses males bloqueiam sensivelmente a possibilidade de ter abertura e, portanto, uma obediência religiosa que brota do amor filial. Ao invés de nos abrir, inicia-se um processo de fechamento evangélico. Tapamos nossos ouvidos e nosso coração para não ouvir o Pai. Ficamos numa atitude de desobediência que é uma opção para não ouvir (Mt 15,7-20; 23,1-36).

10. Definição teológica do voto da obediência

Vamos ver agora uma definição teológica do voto da obediência dentro do contexto da vida consagrada e comunitária. Depois, vamos aprofundar cada parte dessa definição.[23]

"A obediência religiosa, na sua dinâmica e no seu dinamismo interior, é a consagração total a Deus da própria vontade que causa comunhão intensa com a vontade salvífica do Pai, em imitação de Cristo Servo Sofredor."

"Consagração total". Estamos falando aqui de uma doação radical ao Pai da parte mais sagrada numa pessoa humana e consagrada. De fato, consagrar sua vontade a Deus é o ato mais profundo possível de doação amorosa, culto e adoração a Deus. O religioso livre e alegremente oferece sua vontade ao Pai em consagração para poder *amar a Deus de todo seu coração* que é a manifestação mais profética de consagração religiosa. Obediência, nesse sentido e nessa motivação, significa *um amor radical a Deus*. É holocausto. É consagração. É viver a aliança do batismo numa forma radical. É culto e adoração. É entrar na dinâmica profunda da obediência de Jesus para continuar seu gesto de amor e consagração ao Pai.

---

[23] *Ibid.*, 284.

"A Deus". O religioso nunca obedece a seu superior religioso(a). Nossa formação errou aqui muito para poder manter os diversos modelos de poder. O dom de nossa vontade é uma oferta livre que *somente pode ser feita a Deus*. Recebemos esse dom livre de Deus e somente para Ele podemos livremente devolvê-lo. Sempre precisamos ir além do superior religioso para ver o "rosto do Pai". Sem essa motivação, nossa obediência seria defeituosa e motivada por razões puramente humanas e possivelmente até egoístas e interesseiras. Infelizmente isto é o que aconteceu com a teologia da obediência e a posição de obediência cega. O amor foi substituído pelo medo.

Toda obediência religiosa começa e termina na pessoa do Pai. Mais uma vez, isto significa que nossa motivação fundamental brota de um amor radical ao Pai. *Não há obediência sem primeiro amar a Deus*. Essa motivação de amor é e tem de ser questionada em todos os nossos atos de obediência. É o cumprimento da aliança de amor feita na consagração. É a manifestação e declaração clara de nosso amor a Deus através de nossa consagração. É profética. É continuar Jesus Cristo hoje.

"Da própria vontade". A vontade livre é a essência desse dom ao Pai. O Pai deu-nos um dom irrevogável, a vontade livre. Ele confirmou esse dom no dia de nosso batismo. Por meio da obediência religiosa, devolvemos esse mesmo dom ao Pai, mas agora como *um dom nosso*. É um presente amoroso que oferecemos ao Pai. É todo um processo, motivado pelo amor, para querer estar em união com a vontade do Pai. É querer doar ao Pai o que é mais precioso em nossa humanidade, nossa vontade livre. Obediência, portanto, está na linha de amor e doação. Não

pode ser algo forçado. É uma expressão viva e profética de amor a Deus e aos nossos irmãos. Mas precisa necessariamente *ser livre*. O amor tem de ser livre. A doação de nossa vontade tem de ser livre. "No amor não existe medo; pelo contrário, o amor lança fora o medo, porque o medo supõe castigo" (1Jo 4,18).

"Que causa uma comunhão intensa". Quando um religioso(a) livremente une por amor sua vontade com a vontade do Pai, uma comunhão intensa de amor está criada entre os dois amantes. O Pai, por várias maneiras, manifesta sua vontade ao consagrado(a) e convida-o(a) a livremente unir sua vontade com a vontade Dele. Não existe em toda a teologia espiritual e mística uma união mais intensa do que essa união de vontades. Durante sua vida encarnada, essa união de vontades foi a maior experiência espiritual que Cristo teve do Pai e de sua missão, especialmente em seu batismo, na transfiguração, no Jardim de Getsêmani e, finalmente, na cruz e na ressurreição. Todos esses mistérios foram mistérios de obediência e união de vontades entre o Pai e o Filho. "... e da nuvem saiu uma voz que dizia: *'Este é o meu filho amado que muito me agrada'*" (Mt 17,1-9; Mc 9,2-10; Lc 9,28-30). A fonte dessa reação do amor do Pai ao Filho foi porque o Filho livremente uniu sua vontade com a vontade do Pai para salvar a humanidade.

"Com a vontade salvífica do Pai". No centro de toda obediência cristã e, mais ainda, consagrada, é essa vontade salvífica do Pai que quer salvar toda a humanidade. Isto constituiu o conteúdo e a finalidade de toda essa união de vontades entre Jesus e o Pai, entre o consagrado(a) e o Pai. Constituiu a motivação mais profunda por detrás da vontade

do Pai. Apesar de ser ofendido e rejeitado por seus filhos e filhas, o Pai só tem um desejo: Ele quer salvar toda a humanidade e fazer a reconciliação com ela (Gn 3). A obediência religiosa, portanto, une os consagrados(as) exatamente com essa vontade e com esse amor incrível do Pai. Deus, de uma forma misteriosa, quer que o homem e a mulher, consagrados, participem na salvação da humanidade. E o religioso(a) busca estar em sintonia com essa vontade do Pai, de uma forma radical, para poder concretizar a vontade do Pai no tempo e no espaço. Estamos falando aqui do processo para continuar Jesus e a história da salvação através nosso "sim" livre e adulto.

"Em imitação de Cristo Servo Sofredor". O modelo em toda obediência religiosa é o Verbo que se fez carne, habitou entre nós, e livremente foi obediente até a cruz para cumprir a vontade salvífica do Pai (Fl 2,6-11). Ele esvaziou-se e aniquilou-se para acolher, estar em sintonia e cumprir a vontade salvífica do Pai. Ele se ofereceu na cruz em obediência, para poder salvar a humanidade e estar em união intensa com a vontade de seu Pai. *"Porque Deus, a Plenitude total, quis nele habitar, para, por meio dele, reconciliar consigo todas as coisas pelo seu sangue derramado na cruz"* (Cl 1,19-20). O Servo de Javé, Jesus, confiou no amor e na salvação do Pai. O religioso, tentando continuar esse mesmo gesto de obediência de Cristo, entra no mesmo projeto e dinâmica e assume livremente, em obediência, os quatro cânticos do Servo de Javé em Isaías como a base de sua espiritualidade religiosa na obediência. Sua obediência fala de continuar o desejo do Pai para salvar a todos. E para que isso possa acontecer, o consagrado(a) oferece ao Pai sua vida para reconciliar a humanidade com o Pai.

Conclusão: Portanto, a obediência religiosa liga o homem-criatura ao seu Pai-Criador por meio de Cristo e na unidade do seu Espírito, e coloca o consagrado(a) na grande iniciativa da salvação do mundo. A obediência religiosa continua a promessa do Pai feita em Gênesis. Em poucas palavras, a obediência religiosa autêntica *salva* e manifesta profeticamente a vontade salvífica do Pai ao mundo. A obediência religiosa situa-se no mistério de Cristo, Servo Sofredor. A obediência significa uma doação radical ao Pai. Infelizmente essa razão teológica e mística da obediência religiosa foi esquecida nos últimos séculos porque ficou coberta por considerações canônicas e pelos modelos de poder e de administração. O aspecto de uma doação de si mesmo, livre e adulta, que somente pode nascer de uma atitude radical de fé e de amor através da união contemplativa, foi profundamente esquecido. Toda a ênfase foi no "fazer", na "execução", num "formalismo", mas a motivação do amor ao Pai e o desejo de realizar com o Pai a salvação da humanidade, que é cristo-cêntrica, foi escondida.[24] Obediência tem tudo a ver com amor e união de vontades com o Pai. Sem esses elementos de amor e união de vontades, nossa obediência é oca, sem vida e sem profecia. Mas para conseguirmos esses elementos essenciais, é necessário voltar a seriamente contemplar a obediência *divina e humana de Cristo*, nosso Salvador. Sem contemplação de Cristo, é difícil entender e viver a obediência religiosa nesse mundo pós--moderno. Sem a alma e o espírito atrás da obediência, que frisa o amor e a doação de si mesmo, não há profecia.

---

[24] Essa definição vem de um artigo do famoso teólogo da vida consagrada, Frei J. M. Tillard, OP, que recebi quando fiz o curso de CETESP. Não guardei a fonte exata de seu livro ou artigo.

11. Dinâmica da obediência de Jesus

Para podermos captar a essência da obediência evangélica e religiosa, seria necessário voltar a contemplar a pessoa de Jesus encarnado. Precisamos contemplar os passos ou a dinâmica de sua *obediência humana* para que possamos continuar esse mesmo processo em nossa obediência pessoal e comunitária e ajudar nossos coirmãos(ãs) a assumirem a sua obediência na fidelidade.

Ágape. Toda obediência religiosa começa com a motivação mais profunda possível, isto é, a motivação de *amor*. A palavra ágape significa amor. Estamos falando do amor do Pai ao seu Filho, e a resposta concreta do amor do Filho ao seu Pai. É um amor recíproco.[25] Sem o amor, não pode haver uma obediência evangélica. Num primeiro momento, a obediência de Jesus começou num diálogo amoroso com o Pai pela oração de contemplação que ele buscava com frequência. "Naqueles dias, Jesus foi à montanha para rezar e passou toda a noite em oração" (Lc 6,12; Mt 14,13; Mc 6,46; Jo 6,15). Toda obediência religiosa inicia-se na contemplação e na experiência do amor do Pai ao seu consagrado(a). Sem sentir-se profundamente amado(a) pelo Pai, é difícil abrir-se para buscar e acolher sua vontade. E esse amor do Pai criou em Cristo uma confiança filial sem medo de buscar a vontade do Pai. Não houve mais medo porque *"no amor não existe medo; pelo contrário, o amor perfeito lança fora o medo, porque o medo supõe castigo"* (1Jo 4,18).

---

[25] O'Murchu, *op. cit.*, p. 149; Lozano, *op. cit.*, p. 224-227.

Comunhão. Nessa contemplação e diálogo amoroso com seu Filho, o Pai pouco a pouco revelou ao seu Filho humano seu "querer" ou sua vontade mais intensa. O Pai, somente por amor, quis salvar toda a humanidade infiel a Ele e a sua aliança. *"Deus nos escolheu em Cristo (...), nos predestinou para sermos seus filhos adotivos (...) Ele derramou abundantemente sobre nós a graça por meio de seu Filho querido (...) por meio do sangue de Cristo é que fomos libertados"* (Ef 1,3-12). O filho encarnado, num processo longo de contemplação, e lendo os sinais dos tempos, captou essa vontade salvífica do Pai e quis cumprir por amor sua vontade. Esse desejo de querer cumprir o querer do Pai causou uma profunda comunhão ou união de amor entre o Pai e seu Filho. *"Você é meu filho querido. Todo meu prazer está em ti"* (Mc 1,11). Foi a reação do Pai diante do Filho obediente que assumiu a missão para salvar a humanidade em seu batismo. A reação do Filho foi sempre "minha comida á fazer a vontade do Pai" (Jo 4,34). Nesse ato de amor mútuo e de comunhão houve uma *uniformidade de vontades*. Na vida consagrada, o Pai constantemente revela sua vontade e convida seu consagrado(a) a ficar em comunhão com seu querer, mas a motivação precisa ser a mesma de Cristo: o amor filial ao seu Pai através do desejo para ficar em comunhão com o querer do Pai em circunstâncias concretas de vida.

Submissão. Esse é o ponto crítico de toda obediência cristã e religiosa. Durante essa comunhão intensa, o Pai revelou ao Filho seu querer. O Filho, então, percebeu que precisava unir-se a essa vontade do Pai com um ato concreto e livre de obediência. "... Eu sempre faço o que agrada a Ele (o Pai)" (Jo 8,25-26). O Filho teve de transformar seu querer no querer do Pai. Esse ato necessariamente exige um ato de submissão porque nem sempre nosso querer estará em sintonia com aquele do Pai. Essa submissão, que procura estar em uniformidade de vontades, é o ato mais profundo de amor possível na espiritualidade cristã e mística. A essência da obediência religiosa está nesse ato livre de acolher o querer do Pai, e fazer que meu querer esteja em sintonia com o mesmo querer do Pai. *"Pai, se queres, afasta de mim este cálice. Contudo não se faça a minha vontade, mas a tua"* (Lc 22,39-46; Mc 14,32-42; Mt 26,36-46). E esse querer do Pai foi bem claro: foi seu desejo para salvar toda a humanidade. Cristo concretizou essa submissão assumindo todo o mistério pascal. Cristo livremente assumiu a Encarnação, a Paixão e a Ressurreição para salvar a humanidade através de sua submissão e obediência ao Pai. Isto é central em toda a teologia do Novo Testamento. Toda a obediência religiosa está nesse seguimento radical de Cristo, mas, sobretudo, em seu grande ato de submissão à vontade do Pai para salvar toda a humanidade. Um religioso continua Cristo no amor, na obediência, na confiança e na fé que se realizam no ato de livre submissão de nossa vontade para podermos estar em sintonia com o querer do Pai. Não existe um amor mais radical do que isso. "Pela profissão de obediência, oferecem os religiosos a Deus a inteira dedicação da própria vontade como sacrifício de si próprios, e por ele se unem de modo mais constante e seguro à vontade salvífica de Deus."

Execução. A execução é simplesmente o cumprimento da submissão já assumida. Cristo radicalmente acolheu a vontade do Pai num processo que durou toda a sua vida, mas os momentos críticos desse processo foram no seu batismo, na transfiguração, no Jardim das Oliveiras, na cruz e na morte livremente assumida. Depois que Cristo finalmente ofereceu seu "sim" e se submeteu por amor ao Pai, então veio a execução total durante sua paixão e ressurreição. Muitos religiosos confundem a essência da obediência religiosa com a execução, sem primeiro passar pela submissão. Esse erro foi reforçado com nossos modelos de poder. Alguém pode executar algo por obediência externa, mas com um coração totalmente contrário, sem nenhuma submissão, nem amor. A execução não é o que me faz obediente, mas sim a submissão por amor antes da execução que é feita através de união amorosa com o Pai na contemplação. É claro que uma obediência autêntica deveria chegar também até a execução. Obediência religiosa não pode ficar somente em teorias ou sonhos. *"Nem todos que me chamam de Senhor vão entrar no reino de Deus. Só entrará aquele que põe em prática a vontade do meu Pai que está no céu"* (Mt 7,21). É assumir realmente o querer do Pai com amor e confiança em circunstâncias concretas de vida, apesar das dificuldades humanas, espirituais e psicológicas. Obediência exige a submissão por amor filial antes da execução.

12. Obediência religiosa

Toda a teologia da obediência está imersa, portanto, no mistério batismal. Foi no batismo que o Pai abraçou seu filho(a) e mostrou para ele(a) seu ágape, seu amor incondicional de Pai (1Jo 4,9-10). Foi nesse momento que Deus Pai convidou seu consagrado-batizado(a) a participar na corrente da história da salvação. A obediência religiosa quer confirmar e continuar numa forma mais radical esse convite batismal, continuando então o gesto do amor do Filho Jesus ao seu Pai. Assim buscamos com sinceridade o "querer do Pai" em circunstâncias concretas de nossa vida pessoal, comunitária e apostólica.

Mas para podermos viver a obediência radicalmente, é necessária uma vida profunda de fé e de oração. Para poder viver a obediência batismal e religiosa, o consagrado(a) escolhe entrar numa comunidade dirigida por uma regra de vida (Constituições e Estatutos). Para poder descobrir e abraçar a vontade do Pai, o consagrado(a) pede, num ato de fé (e é necessário frisar esse aspecto da fé), que seu discernimento em obediência, daqui por diante, seria feito com a participação de superiores e coirmãos(ãs) em comunidade. E esses irmãos(ãs), como ele(ela), são pessoas limitadas e imperfeitas. O consagrado vive buscando o querer do Pai num grupo de irmãos(ãs) que, muitas vezes, não só são imperfeitos, mas até decepcionantes.[26] E, apesar de tudo isso, ele(ela) precisa fazer um ato profundo de fé acreditando que Deus vai revelar seu querer no meio desse grupo imperfeito. É impossível viver isso sem a fé. E foi exatamente esse caminho comunitário que Cristo encarnado escolheu viver para fazer seus próprios discernimentos sobre o querer do Pai. Cristo encarnado buscava a vontade do Pai numa dinâmica dupla: na oração de contemplação (vertical) e na vida de comunidade (horizontal).[27]

---

[26] Alonso, *op. cit.*, p. 287.
[27] Schneider, *op. cit.*, p. 96-97. Irmã Sandra conta a história de um famoso monge quando começou sua caminhada com tanto entusiasmo, e anos depois sua desilusão na vida comunitária mas ainda fiel ao seu compromisso.

Somente o acontecimento Jesus encarnado pode iluminar-nos nessa dura realidade sobre a obediência religiosa: *precisamos uns dos outros para descobrirmos o querer do Pai*. Jesus encarnado optou por descobrir a vontade do Pai em uma comunidade apostólica que era muito imperfeita. Livremente optou por viver uma vida comunitária que o ajudaria na busca da vontade do Pai. Cristo exerceu uma dinâmica dupla na busca do querer do Pai: o vertical e o horizontal.

Cristo precisava separar-se da comunidade para poder rezar sozinho cada noite com seu Pai em contemplação. Frequentava as sinagogas cada sábado para ouvir a palavra de seu Pai nas leituras. E, finalmente, Cristo visitou anualmente o templo, a casa de seu Pai, que mostrou toda essa dimensão vertical de sua obediência. Foram os meios que o ajudaram a chegar até perceber o ágape do Pai e que o levaram a buscar uma comunhão profunda de união com o querer do Pai.

Mas, também, Cristo buscava o querer do Pai na dimensão horizontal, por meio de uma comunidade de irmãos bons, mas imperfeitos. Jesus acreditava que o Pai iria revelar sua vontade a ele através desses irmãos.

Então, Cristo descobriu o querer do Pai por meio dessas duas dinâmicas. Fraternidade e vivência comunitária, portanto, não são paralelos ao mistério da obediência religiosa. Ao contrário, estão no pleno coração do mistério para descobrir e viver a vontade salvífica do Pai. Nossos irmãos(ãs), todos eles(as), são epifanias ou manifestações do querer do Pai se tivermos a fé para buscar a vontade do Pai nas pessoas de nossos irmãos(ãs), até nos mais humildes deles(as). Os meios verticais e horizontais para descobrir a vontade do Pai no contexto comunitário são tão velhos como a própria vida religiosa:

— revisão de vida;
— preparações e estudos comunitários para nossas assembleias;
— a própria celebração do capítulo provincial e geral com uma escuta respeitosa para acolher todos os membros, sem exclusão;
— a vivência autêntica de nossas novas constituições
— os sinais dos tempos;
— a partilha de fé na oração comunitária e na liturgia.

Todas são fontes para nos ajudar a ver, captar e acolher o querer do Pai por intermédio de nossos coirmãos(ãs). É uma tentativa de abrir nossos ouvidos (obediência) para captar e acolher a vontade do Pai. Isto nos coloca diante da dinâmica da obediência e do diálogo. "O diálogo subentende e é o exercício das faculdades superiores do homem: inteligência, vontade, amor e conhecimento. Faltando alguns desses elementos, o diálogo torna-se impossível."[28]

E finalmente, todos os grandes escritores espirituais dizem que, se estamos procurando viver a perfeição através da obediência, então precisamos de um "guia espiritual". Esse guia espiritual pode ser um diretor(a) espiritual, ou o próprio superior(a) de uma comunidade religiosa. Toda pessoa consciente de suas limitações precisa recorrer à outra que a ajudaria a discernir o querer do Pai na vida concreta. Procuramos esse guia espiritual sobre decisões maiores que um religioso(a) precisa assumir na submissão e na execução.

Por que precisamos de ajuda no discernimento pessoal e comunitário na obediência? Pessoas consagradas são

---

[28] Alonso, *op. cit.*, p. 289.

limitadas e até o elemento do pecado pode entrar inconscientemente em seus discernimentos como o orgulho, o egoísmo, a vingança e o ciúme. Somos possuídos por um desejo sincero de perfeição na obediência e no amor ao Pai e à humanidade, que é desproporcional à nossa fraqueza humana. O consagrado, então, deve procurar um grupo de irmãos(ãs) unidos entre si pela mesma regra de vida, pelo mesmo ideal de consagração, e pela mesma busca evangélica que se concretiza plenamente na obediência religiosa comunitária. E um entre esses irmãos(ãs) é nomeado(a) como o superior(a) do grupo. A função mais sagrada de um superior(a) não é poder, nem administração, mas, sim, ajudar e animar seus irmãos na busca adulta e na submissão livre diante da vontade do Pai em suas vidas particulares e comunitárias. O superior(a) está lá especificamente para *levar seus irmãos(ãs) à fidelidade na busca do querer do Pai* para poderem continuar hoje Jesus Cristo obediente e salvador. O superior de uma comunidade religiosa deve ser um mestre(a) espiritual que ajuda seus irmãos(ãs) consagrados na perfeita comunhão com o querer do Pai e anima-os a acolher a vontade do Pai, especialmente no meio das cruzes, dúvidas, incertezas, e decepções.

13. Considerações práticas

1. A origem de toda obediência cristã e religiosa está especificamente na busca da vontade salvífica do Pai. O Pai quer a salvação do mundo todo mas precisa de agentes para realizá-la. Numa dinâmica misteriosa e divina, Deus quer a participação da humanidade em sua própria salvação. Através da consagração batismal e religiosa somos

convidados a participar em graus diferentes e crescentes nesta corrente salvífica do Pai e agilizar os meios necessários para acolher a vontade do Pai em circunstâncias concretas de vida. Precisamos diariamente animar essa motivação atrás de nossa obediência até nas coisas pequenas. É muito fácil esquecer essa motivação cristo--cêntrica e, por isso, caímos na simples execução legalista *sem a motivação espiritual e sem a submissão* que são muito mais importantes. A motivação básica é o amor ao Pai e o desejo de acolher sua vontade para salvar toda a humanidade. A finalidade é uma união de vontades entre o Pai e seu filho e filhas consagrados(as).

Deus revela sua vontade salvífica por meio de uma porção de fontes. Um religioso é chamado a ficar *sensível* diante dessas fontes para captar a vontade salvífica do Pai e incorporá-la em sua vida pessoal, comunitária e apostólica. O superior(a) local deve estar na frente dessa busca junto com seus coirmãos(ãs). É impossível fazer isso se a comunidade está fechada em si mesma e aos sinais dos tempos que a cercam.

2. A vontade de Deus é tão complexa, ampla e extensa que pertence aos mistérios de Deus. Só Deus tem a visão da totalidade de seu plano salvífico, e nenhum homem ou mulher pode interpretar com exclusividade essa vontade. O plano do Pai vai se manifestando por partes e exige uma busca em conjunto constante. O exemplo de Maria nos mostra o caminho: "Maria conservava todos esses fatos, e meditava sobre eles em seu coração" (Lc 2,19). Por isso, todos os membros de uma comunidade religiosa, local e provincial, devem sentir-se corresponsáveis na busca comum para descobrir a vontade salvífica do Pai. Também,

o diálogo entre todos os membros de uma comunidade religiosa não é um processo arbitrário, mas, sim, uma necessidade teológica para evitar a possibilidade de qualquer manipulação dessa vontade por interesse pessoal ou por grupos de poder.

3. Na busca e no diálogo sobre a vontade do Pai sempre haverá interpretações diversas e até contraditórias devido às limitações humanas. Nosso ponto de saída no discernimento comunitário facilmente podem ser nossas orientações teológicas diferentes, mas numa forma rígida e opressiva, ou, mais sério, nossas motivações erradas como egoísmo, um jogo de poder, interesses investidos ou comodismo. Essa situação pode criar um cenário difícil de conflitos que muitos já experimentaram em nossa caminhada, logo depois do Concílio Vaticano II. O segredo é saber como superar o conflito para podermos entrar no diálogo. Primeiro, preciso escutar e respeitar pessoalmente em meu coração o que eu acho que seja a vontade do Pai para minha pessoa consagrada. É meu voto e somente eu posso dar meu "sim, Pai". Eu preciso da iluminação de outros que me ajudariam a ultrapassar o meu egocentrismo para enxergar claramente a vontade do Pai. Essa graça é dada pela presença do Senhor na comunidade que sempre me chama à purificação das minhas motivações mais profundas. Quem me ajuda a fazer esse processo de purificação é sobretudo o Espírito Santo na intimidade da contemplação. Também o Espírito fala ao meu coração pela presença fraterna dos meus coirmãos(ãs) na comunidade. Esses dois elementos, contemplação e partilha, são as duas dinâmicas essenciais na busca da vontade salvífica do Pai.

4. O Espírito de Jesus fala não somente ao superior(a), mas também para todos os correligiosos(as). Em cada um de nós o Espírito fala de uma maneira limitada, adaptando-se aos nossos dons e às nossas limitações humanas. Cada membro da comunidade recebe sua própria inspiração segundo o grau com que ele se abre ao Espírito Santo. A aceitação humilde de que o Espírito Santo não é propriedade exclusiva, especialmente do superior(a), e que o Espírito está presente em todos, nos ajudaria a superar nossos *preconceitos* para sinceramente ouvir o outro(a). Somente a fé pode resolver esse problema sério de fechamento ao outro na vida comunitária. O que estamos tentando dizer aqui é o seguinte: *a obediência à vontade do Pai exige também uma obediência (ouvir) aos outros membros de minha comunidade religiosa.* Deus fala a mim através dos meus irmãos e irmãs. Sem fé, não vou procurar o querer do Pai nos membros de minha comunidade.

5. A educação para esse tipo de diálogo, introduzido depois do Concílio Vaticano II, realmente foi algo novo para nós que vivemos na pele os modelos da pirâmide e da administração. A maioria de nós não foi educada para sentir-se bem e confortável com o diálogo. Ficamos um pouco desajustados com a necessidade de *ouvir* o outro, que é a primeira parte essencial de diálogo. Também, a segunda parte essencial no diálogo, que é a revelação de nós mesmos e de nossos sentimentos aos outros membros da comunidade, foi até mais difícil. Como alguns(as) ainda acham tanta dificuldade de falar de seu interior e de seus sentimentos aos outros(as)! As orientações de muitas fontes não resolveram nossos problemas porque faltou uma caminhada nessa linha na formação contínua dos coir-

mãos(ãs). Por isso, houve abusos em nome do "diálogo" como a predeterminação de conclusões antes que houvesse qualquer diálogo e, assim, o modelo de poder continuou em muitas congregações. Fomos "consultados", sim, mas muitas vezes não fomos "escutados" e respeitados. Não houve um verdadeiro diálogo. Portanto, o diálogo supõe a criação de uma disposição prévia: *uma escuta respeitosa de todos os irmãos(ãs) na comunidade*. Exige uma profunda pobreza espiritual para ouvir respeitosamente nosso irmão como uma manifestação de Deus e de sua vontade para nós. Exige uma abertura para ouvir o novo no intercâmbio de ideias como a possível revelação e esclarecimento da vontade do Pai para mim e para todos na comunidade em circunstâncias concretas da vida. Tudo isso supõe uma formação renovada que não confunde maturidade com individualismo doentio; uso de liberdade com egoísmo disfarçado; e a inspiração do Espírito com o que não passa de capricho e interesse pessoal. O ideal é deixar que Cristo entre no meio de nós com sua Palavra para questionar e purificar nossas motivações mais profundas. Essa atitude de fé pode facilitar a escuta respeitosa dos outros e colocar temporariamente nossas ideias em um estado de dúvida para ouvirmos melhor. Veremos mais sobre isso quando tratarmos o assunto do discernimento comunitário. Padre Severino Alonso nos dá um bom resumo sobre a arte de dialogar:[29]

---

[29] *Ibid.*, p. 306-308.

— Permitir que os outros(as) falem, mesmo sabendo o que eles vão dizer. É o passo mais difícil.
— Saber escutar com atenção externa dando o máximo de atenção.
— Procurar compreender, colocando-se no lugar e na situação do outro(a).
— Respeito mútuo à pessoa e às ideias dos outros(as) com educação e cortesia.
— Serenidade e calma — clima necessário para dialogar.
— Atitude de conversão — pronto para mudar ou modificar sua ideia diante das colocações dos outros(as).
— Amor e caridade — a motivação máxima necessária porque somente amando é que vamos compreender os outros(as).

6. Escuta respeitosa e diálogo são impossíveis se não superamos e deixamos de lado nossas autopreocupações e nosso egocentrismo. Se somente escuto minha voz, não estou preparado para dialogar, seja da parte do superior(a), ou dos coirmãos(ãs). Superiores(as) precisam estar atentos para evitar isso em si mesmos, mas também para caridosamente corrigir essa tendência nos outros membros da comunidade quando se reúnem em discernimento comunitário. Obediência é cultivar uma sensibilidade para acolher a voz da comunidade como a voz do Espírito Santo revelando-lhe a vontade do Pai.

7. A fé que o Espírito Santo está comigo e com meus coirmãos(ãs) me faz sensível para que o Espírito possa usar minha pessoa para iluminar uma parte da vontade do Pai aos outros membros da comunidade. Isto exige um primeiro

momento de oração pessoal diante de Cristo e de seu Espírito que cria em mim uma atmosfera de serenidade, humildade e uma distância de minhas motivações egocêntricas. Sem oração e meditação, é difícil chegar até essas atitudes evangélicas. As sugestões oferecidas pelo superior(a) do grupo, dadas com serenidade, podem animar os outros a apresentar sua partilha sem medo. Será possível aceitar ou rejeitar as colocações dos outros, com graça e compaixão, e nunca com qualquer forma de violência, de agressão, ou de gozação. Somente essa atitude pode criar em mim uma situação onde posso viver com uma opinião divergente, decidida pela comunidade. Embora acolha a decisão da comunidade, não nego que posso ficar com minha ideia enquanto os outros ainda não podem entendê-la ou aceitá-la. E aqui vem a essência da obediência comunitária. Não rejeito minha ideia como uma manifestação de Deus em mim, mas, por causa da presença de Cristo na comunidade, posso acolher o que a maioria da comunidade decide como sendo a vontade do Pai no momento. Posso sacrificar livremente como um adulto a realização de minha ideia e acolher com obediência o que foi decidido pela comunidade sem nenhum exagero ou crise emocional ou espiritual. Haverá depois um período, e deve haver, momentos de avaliação sobre o que foi decidido e onde posso apresentar de novo o que eu acho que seja a vontade do Pai. Portanto, a obediência comunitária evita uma fixação excessiva em minhas ideias unilaterais sob o pretexto de que elas vêm diretamente do Espírito Santo e, portanto, todos(as) são obrigados a aceitar somente minhas ideias.

8. A desobediência, então, seria a má vontade e opção clara para não escutar os outros na comunidade enquanto eles simplesmente não aprovam meus planos egocêntricos

e predeterminados. Obediência seria uma abertura radical para buscar a vontade do Pai que se revela por meio de todos(as) na comunidade. Desobediência seria a opção por um fechamento radical diante das aspirações dos meus irmãos(ãs).

DINÂMICAS DE PARTILHA

Dinâmicas que podem ser usadas em reuniões da comunidade para facilitar a partilha de vida sobre os assuntos desse capítulo 3. Todos são convidados(as) a participar, mas não pode ser algo forçado.

Sobre as duas visões extremas da obediência religiosa:

1. Você já experimentou uma dessas visões extremas em sua caminhada religiosa: autoritarismo ou anarquia? Como você sentiu?
2. Você acha que sua província e sua comunidade local deram passos concretos no novo sentido de corresponsabilidade na obediência? Como?
3. Como você e sua comunidade estão tentando reduzir a tensão e os conflitos entre visões diferentes da obediência religiosa?

Sobre a obediência de Jesus encarnado:

1. O que essa teologia sobre a obediência humana de Jesus fala pessoalmente a você? Poderia expressar isso com os outros(as)?

2. Você acha que a província precisaria de uma formação contínua sobre o conteúdo teológico da obediência humana de Jesus? Como?
3. Você percebeu que toda obediência religiosa é baseada no amor, na fé e na confiança do amor do Pai, e em uma participação ativa na história da salvação hoje? O que isto significa pessoalmente em sua vida consagrada?

Sobre a definição teológica da obediência religiosa:

1. O que mais o(a) tocou na definição teológica da obediência religiosa?
2. O que você pessoalmente acha são as características mais importantes nessa definição?
3. Como nossa obediência religiosa pode ser profética nesse mundo pós-moderno?

Sobre a dinâmica da obediência humana de Jesus:

1. O que mais o(a) tocou na apresentação da dinâmica da obediência de Jesus: ágape/comunhão/submissão ou execução? Poderia partilhar por quê?
2. Você acha que foi formado(a) para acreditar que a essência da obediência foi a "execução" e não a "submissão"? Como?
3. Como podemos ajudar nossos coirmãos(ãs) em crise de obediência para chegar até uma comunhão de vontades com o Pai e passar livremente para a submissão?

Sobre a prática da obediência religiosa:

1. Quais são os meios "verticais" e "horizontais" em sua vida particular para poder viver a obediência em comunidade?
2. Suas constituições indicam alguns meios concretos para poder viver a obediência comunitariamente ou é muito intimista?

Indicam-se meios, a comunidade poderia ter uma revisão de vida sobre essas constituições?
3. Como essas constituições refletem a pessoa de seu fundador(a)? Qual foi a importância da obediência pessoal e comunitária na vida deles(as)?

Sobre a nova visão de corresponsabilidade na obediência:

1. Como poderiam agilizar um método para exercer a corresponsabilidade na comunidade? Quais os meios?
2. Você se sente seguro ou inseguro(a) diante da noção de corresponsabilidade? Poderia expor seus sentimentos?
3. Você acha que os membros da comunidade local e provincial precisam de formação na noção de diálogo? O que está faltando?
4. Quais são os obstáculos para um diálogo aberto entre seus coirmãos(ãs)?

Capítulo IV

PROBLEMAS CONCRETOS EM EXERCER O CARGO DE PASTOR(A) NA COMUNIDADE

1. Sobre o desejo de introduzir o modelo de superior(a) como "pastor(a)"

Como já vimos, pode existir uma porção de modelos de superior(a) hoje em dia. Também já vimos que o desentendimento sobre essas visões diferentes pode causar muitos problemas e atritos. Certamente se o superior(a) quer seguir uma linha evangélica tentando ser pastor(a) da comunidade, mas os membros da comunidade ainda insistem que ele(a) viva os modelos de poder ou de administração, então será difícil conseguir uma compreensão mútua e pacífica.

Às vezes, há muito infantilismo na vida consagrada por causa da formação inicial que recebemos que reforçou esses modelos não evangélicos de poder sem a corresponsabilidade de todos(as). Alguns membros, ou porque não querem, ou porque não sabem como crescer, insistem que o superior(a) deve encaixar-se no modelo que eles(as) aprenderam no noviciado e que facilita seu infantilismo. Tal situação consequentemente não exige nenhuma corresponsabilidade dos membros da comunidade. Os membros insistem que o superior(a) viva o modelo de poder ou de administração porque tira deles exatamente qualquer responsabilidade adulta. Então o que o superior(a) poderia fazer? Primeiro, é necessário ser fiel a si mesmo e buscar implementar com coragem esse novo modelo evangélico de ser pastor(a) de seus irmãos(ãs). Não pode cair no jogo daqueles que querem que mude sua posição para satisfazer o modelo deles. Precisa insistir em ajudar seus coirmãos(ãs) a assumirem sua corresponsabilidade na vida consagrada e especialmente em seu voto da obediência. São eles que têm de, afinal de contas, dizer a Deus "sim ou não" e não o superior(a) da comunidade no lugar deles(as). Precisam de muita paciência com eles(as) para que possam pouco a pouco assumir a responsabilidade na obediência sobre sua vida. Alguns têm muitos anos de má-formação na obediência sem responsabilidade e sem participação ativa numa obediência madura. Mas essa paciência vai ter seus resultados porque ambos vão amadurecer: o superior(a) e os membros da comunidade. A paciência já produziu muitos bons efeitos e houve passos notáveis nesse campo de corresponsabilidade na vida religiosa. Estamos crescendo mesmo e foi libertador.

Mas pode ser que haja também resultados tristes onde alguns não querem ou não podem assumir sua obediência com corresponsabilidade. É simplesmente tarde demais. Há certas posições enraizadas que simplesmente são impossíveis de remover. Somente a paciência caridosa pode deixar uma certa paz no coração do superior(a). Mas o superior não deve ficar para trás por causa de um ou outro membro da comunidade que simplesmente não aceita o modelo mais evangélico de ser pastor(a) de seus coirmãos(ãs).

Como podem conseguir ser firmes e ao mesmo tempo caridosos? Acho que a resposta está num diálogo em dois momentos: um diálogo individual com cada um dos membros da comunidade e um diálogo comunitário.

2. Diálogo comunitário

Esse tipo de diálogo seria na forma de uma reunião com os membros da comunidade para que, com muita paciência, o superior(a) possa explicar sua pessoa e seu dever como pastor(a) dessa comunidade. É importante esclarecer tudo para não deixar dúvidas. Mostre para eles(as) que muitas vezes, juntos com você, vão precisar entrar no processo de discernimento para descobrir a vontade do Pai para todos os membros da comunidade. Abra o jogo para que eles(as) possam expressar o que esperam de você como o irmão(ã) encarregado do ministério de superior(a) da comunidade. No processo, com calma, tente corrigir os modelos errados que talvez eles(as) ainda queiram jogar em cima de você. Tente mostrar o caminho para a corresponsabilidade e seu dever principal como guia espiritual da comunidade.

3. Diálogo individual

Um dos deveres mais importantes de pastor(a) é o dever de sentar com seus coirmãos(ãs) para dialogar sobre a vida deles. É o que antigamente chamava-se de "colóquio". É um encontro do pastor(a) com as suas "ovelhas". *"Se você me ama, então cuide de minhas ovelhas"* (Jo 21). Essa conversa amigável e espiritual deve ser um momento profundamente carinhoso e caridoso. É um encontro de amigos(as) e não tanto de superior(a) com seu irmão(ã). Pode ser, também, um momento difícil e doloroso de confronto que veremos mais tarde.

Devemos esclarecer os direitos de um superior(a) nessa área para evitar possíveis abusos. Esse colóquio a dois *não é uma direção espiritual*. Um superior(a) não tem o direito de exigir que alguém se abra com ele(a) sobre essa área interior de sua vida. Esse direito é sagrado. Não pode entrar nessa área sem a licença da própria pessoa. Pode acontecer que a pessoa livremente queira que o superior(a) vá além de um simples colóquio e que você seja seu diretor(a) espiritual. Mas o pedido tem de partir dele(a). Nunca pode ser imposto. Nada vai fechar um irmão(ã) para seu superior(a) mais do que quando ele(a) é forçado a falar sobre assuntos de sua vida interior quando não é de sua livre vontade e decisão. Isto seria uma violação séria da privacidade.

O colóquio deve falar sobre a vida exterior de seu irmão(ã) como um indivíduo e também como um membro de uma comunidade específica. O pastor, com solicitude, fala da saúde da pessoa; como vai sua tarefa na comunidade e no apostolado; como está se sentindo na comunidade; se precisa de qualquer coisa material; e, de forma geral, como vai a vida espiritual e consagrada, mas sem entrar em detalhes, a não ser que o próprio membro da comunidade queira. Uma boa norma a seguir é observar as exigências contidas nas Constituições e a caminhada, sucessos e dificuldades, do irmão(ã) nessa linha. É toda uma tentativa para ajudar a pessoa a sentir-se bem na comunidade e expressar alguns sentimentos seus, sejam eles alegres ou tristes. Depois de escutar com caridade, aí começa seu dever como pastor(a) ou guia espiritual da comunidade. O dever do pastor(a) é consolar, animar, sentir empatia pelo coirirmão(ã). E, com sabedoria, tente dirigir o coirmão(ã) para outras pessoas indicadas como um diretor(a) espiritual, para uma ajuda psicológica profissional, para um médico(a), para um confessor ou para o próprio Provincial. O pastor(a) mostra, enfim, um verdadeiro interesse carinhoso no caminhar de seu coirmão(ã) na fidelidade de seu compromisso de consagração. Isto afinal de contas é o centro do colóquio: *ajudar seus irmãos a acolher sua caminhada na fidelidade da consagração e tomar passos de conversão.*

Aqui o superior(a) precisa estar bem atento para seus próprios sentimentos antes, durante e depois do colóquio. É claro que haverá preferências humanas e afetivas da parte do superior(a) a respeito dos diferentes membros de sua comunidade. É impossível encarar todos os membros da mesma maneira. Mas o dever do superior(a) é "lavar os pés" de todos os membros da comunidade, sem exceção. É necessário mostrar para todos a mesma caridade que somente pode sair de seu interior. Não pode ser fingida.

Muitas vezes vai ser necessário um confronto consigo mesmo e a necessidade de uma libertação de seus sentimentos que levam para um fechamento ou um julgamento injusto de seu irmão(ã). Isto só pode ser feito pela oração, tendo a coragem de rezar seus sentimentos e mágoas pessoais causados por algum membro da comunidade. Como é importante que o superior(a) esteja ciente de suas motivações mais espirituais, sobretudo, sua caridade. Há necessidade de evitar favoritos no sentido de que causaria inveja ou ciúme nos outros membros da comunidade. Somente a caridade universal pode resolver esse problema comum em comunidades religiosas. É amar a todos, embora haja umas preferências afetivas e humanas para um ou outro membro da comunidade. Jesus amava a todos os 12, mas aparentemente gostava mais de João, "aquele que Jesus amava".

Aqui é necessário falar de uma realidade que tem causado muito sofrimento no passado, no contexto do relacionamento entre superior(a) e coirmãos(ãs). O conteúdo do colóquio deve ser mantido como um segredo entre o superior(a) e seu coirmão(ã). O superior(a) nunca tem o direto de mencionar nada dito em colóquio com os outros membros da comunidade. Como superior(a) você poderia pedir licença para falar sobre isso ou aquilo com um outro membro da comunidade; por exemplo, problemas de relacionamento entre diversos membros da comunidade onde parece que não há sinais de reconciliação. Pode ser que o superior(a) peça licença para falar com o provincial, por exemplo, sobre o desejo de transferência, ou sobre problemas sérios que seu coirmão(ã) está passando. Se a pessoa concedesse essa licença, então o superior(a) poderia falar sobre o conteúdo, mas somente com as pessoas indicadas. Mas se o coirmão(ã) não conceder sua licença, então, o superior(a) está obrigado à lei de silêncio, e infelizmente o superior(a) fica "algemado".

Só precisa acontecer um exemplo de violação de segredo sobre o conteúdo do colóquio aos outros membros na comunidade, ou pior ainda, para outras pessoas fora da comunidade, para criar uma total descrença na pessoa e na caridade do superior(a). Aquela pessoa nunca mais se abrirá com você, e o resto da comunidade vai pensar duas vezes antes de confiar em você.

4. Confronto fraterno

Um pastor(a) precisa às vezes corrigir seu rebanho ou alguém em especial quando começa a se afastar do resto do rebanho ou de seu compromisso de consagração. Na vida de um superior(a) aparece a necessidade de confronto entre o superior e um membro das ovelhas que Deus colocou em suas mãos.

A palavra confronto precisa ser bem entendida aqui. Primeiro, não é briga. Mas, mesmo assim, confronto é sempre algo difícil. Ninguém gosta de confronto porque muitos confundem o confronto com uma situação desagradável que exige palavras fortes, ou uma situação de corrigir que sempre é difícil. O confronto, no sentido evangélico, é uma busca da verdade com a finalidade de libertar alguém de alguma coisa que está atrapalhando sua vida consagrada ou a vida da comunidade. Sem confronto, simplesmente não há crescimento na vida cristã e religiosa. A finalidade de muitas de nossas práticas religiosas foi exatamente fornecer um espaço para ter esse confronto com Deus, comigo mesmo e com outras pessoas. Foi para chegar até a verdade a respeito de minha consagração como filho(a) de Deus na plena maturidade e liberdade. Há muitos exemplos de confronto do próprio Cristo com os membros de sua comunidade íntima. Cristo, em confronto, teve de corrigir a busca do jogo de poder entre os doze: "Quem quer ser grande, seja o servo dos outros" (Mt 20,21-24). Pedro foi um escândalo para Cristo e houve, então, necessidade de confronto: "Atrás de mim, Satanás!" (Mc 8,33). Houve sentimentos de ciúme e competição entre os apóstolos: "No caminho discutiam entre si quem seria o maior" (Mc 9,34).

O oposto de confronto é o que chamamos de pecado de omissão. Ao invés de buscar a verdade que liberta, optamos por ficar quietos e deixar que nosso irmão fique no erro, se não, no pecado. Tiramos nosso pé fora justificando com mil desculpas, mas, no fim, optamos por prejudicar um membro de nossa irmandade. Deixamos a ovelha ser vulnerável diante do lobo que Cristo condenou como sendo "mercenário" na parábola do Bom Pastor (Jo 10).

Um superior(a) deve discernir antes de optar por um confronto com seu coirmão(ã). Primeiro, tem de esclarecer sua própria motivação na correção. *Somente a caridade vai funcionar nesse caso.* Segundo, precisa rezar para achar as palavras exatas para mostrar sua caridade e preocupação com seu irmão(ã). Deve ser um confronto honesto e firme mas, também, cheio da caridade. Mas deve acontecer e não ficar no "amanhã" que nunca acontece.

Quando precisamos de confronto, temos de fazer uma distinção. Às vezes, o que precisa ser confrontado é um problema pessoal do coirmão(ã) que normalmente não tem muito efeito na vida da comunidade. É um problema que o superior(a) descobre por meio de observação, ou porque um outro membro da comunidade chama sua atenção para determinado comportamento. Aqui o dever do superior é abrir o jogo. Não é tanto a necessidade de *resolver* tal problema no primeiro instante. É ajudar o coirmão a perceber a existência e, possivelmente, a gravidade do problema. Precisamos respeitar a explicação do coirmão, tentando contar seu lado da história, porque nem sempre o que foi dito a seu respeito é a verdade. Precisamos com caridade também não aceitar as desculpas sem razão como uma fuga de assumir com responsabilidade sua vida. Quando o problema é a verdade, então o superior(a) precisa ajudar o coirmão(ã) a perceber sua resposta diante do problema, em vista de sua consagração na Igreja e da possibilidade de um possível escândalo. Muitas vezes é necessário sofrer com seu coirmão(ã) (o sentido verdadeiro da palavra paciência), especialmente quando há um problema de envolvimento afetivo com uma outra pessoa. De novo, às vezes é dever do superior reconhecer sua limitação nessa área e dirigir a pessoa para outras ajudas indicadas como confessor, diretor espiritual, psicólogo ou provincial. Sobretudo, é dever do superior(a) mostrar amizade, compreensão, solidariedade, mas, no mesmo momento, firmeza em ajudar a pessoa a se confrontar consigo mesma e com seus deveres assumidos pela consagração religiosa. Há necessidade de ação, de novas atitudes, de novas posturas na parte do coirmão. Mais uma vez, o segredo sobre o conteúdo de suas conversas com esse irmão(ã) é absoluto. Somente se a pessoa der licença para falar com outros é que você teria esse direito. Somente quando é um fato bem público, pode-se falar com o provincial, porque seu conhecimento dos fatos vem de muitas fontes e não exclusivamente do próprio irmão(ã).

Um outro caso bem diferente é quando o problema do coirmão(ã) é público e tem efeito na vida cotidiana da comunidade religiosa e eclesial. O problema é visível para todos, e ele causa sentimentos fortes e negativos, como revolta, nos outros membros da comunidade. Aqui é necessário um confronto mais direto, e quanto mais cedo possível, é melhor. Precisamos confiar nos sentimentos e na sabedoria dos outros membros da comunidade quando vêm falar desse problema com o superior(a). Pode ser motivado pela inveja ou pelo ciúme, mas quando fica evidente que é mesmo uma preocupação motivada pela caridade, então o superior(a) deve acolher a preocupação dos outros. É curioso como, às vezes, o superior é o último a saber das coisas! Mas nesse caso seria interessante pedir conselhos de um ou outro membro da comunidade antes do confronto com seu coirmão(ã).

Aqui o problema é a necessidade de eliminar o escândalo. Precisamos ser bem enérgicos, mas com compreensão e com caridade. Não podemos cair no coleguismo tentando minimizar o mal causado. Nosso dever é levar nosso irmão consagrado a perceber que sua profecia sofreu e, de fato, está causando dano na comunidade e até fora da comunidade religiosa. Acho que aqui devemos seguir os conselhos práticos que Jesus apresentou no Evangelho. O superior(a) primeiro deve falar sozinho com seu irmão(ã). Dê um espaço para um melhoramento. Depois de um tempo razoável, se não houver nenhum sinal de melhoramento, então o superior(a) deve chamar mais uma ou duas pessoas da comunidade para falar juntos com seu irmão(ã). Se depois de toda essa caridade, não há melhoramento, então o Evangelho diz que deve pedir que a "Igreja" fale com ele(a), isto é, chegou o momento de falar com o provincial sobre esse problema. Devemos mesmo tentar seguir esses passos evangélicos.

Somente um "entre aspas" aqui. Pode ser que um irmão(ã) esperto possa tentar "algemar" as mãos do superior(a) colocando condições no momento do confronto. Por exemplo, "o que vou falar é somente entre nós dois(duas)", ou "o que vou falar é sigiloso e, por isso, não pode falar para ninguém". Se o superior(a) aceitar essa condição, então não pode falar mesmo sobre o assunto com seus conselheiros, nem com o provincial. Portanto, não aceite esse tipo de contrato, se não chantagem. Pode ser sincero, ou pode ser pura enganação. É melhor esclarecer que como superior(a) não pode aceitar essa exigência, já que o problema é público. É tarde para colocar condições de silêncio.

5. Problemas que vêm da pós-modernidade

Há uma porção de problemas que vêm porque alguns(as) já assumiram como norma de sua vida pessoal e comunitária alguns princípios da pós-modernidade que nem sempre estão em sintonia com o Evangelho que queremos seguir radicalmente como consagrados. Muitos princípios da pós-modernidade foram excelentes e causaram uma verdadeira libertação em nossa vida consagrada. Devemos muito a esse processo libertador. Mas, no processo, assumimos também princípios que causaram muitos danos e dores, especialmente na vida comunitária e no relacionamento entre superior(a) e coirmão(ã).

Podemos citar alguns:

Um individualismo exagerado. Individualismo foi uma bênção que nos libertou de uma espiritualidade masoquista que teve por finalidade apagar nossa própria personalidade. A prática foi que todos(as) devem ser moldados na mesma fôrma sem nenhum sinal de diferença ou individualidade. Impressionante como essa foi a força predominante na espiritualidade por vários séculos especialmente durante o mais importante tempo de nossa formação inicial. Ninguém deve revelar ou mostrar qualquer de seus dons e talentos porque isso seria "orgulho" e uma grande tentação do demônio. Graças a Deus, fomos libertos dessa visão terrível que esmagava pessoas sem muita misericórdia.

Mas, infelizmente, o pêndulo sempre tem a tendência de pular para o outro extremo na vida religiosa. Agora existe um individualismo tão exagerado, se não psicologicamente doentio, em que um consagrado(a) simplesmente não aceita qualquer questionamento que interfere em seu "eu". Para alguns(as) seu "eu" é a única fonte de discernimento. Tudo é visto a partir do "eu" e tudo é determinado para construir minha "autorrealização". O conceito de "nós" ou o bem comum da comunidade simplesmente não existem mais como elementos importantes no discernimento desse tipo de pessoa. A comunidade, a missão, e as necessidades da Província não são respeitadas se não satisfazem em primeiro lugar "minha autorrealização". Acho que todos nós estamos experimentando esse mal em alguns de nossos coirmãos(ãs). É uma situação dolorosa.

Quem vive com tais religiosos(as) já experimentou a dor que eles causam na comunidade. É claro que os novos(as) são mais atingidos por essa característica individualista, sendo criados na pós-modernidade. Mas o problema não está somente com eles(as). Quem é o superior(a) dessas pessoas sofre muito em todos os níveis: como provincial, como superior(a) local ou como encarregados(as) da formação. Certamente há necessidade de confronto com tais pessoas, e pode ser muito doloroso. A pessoa precisa de ajuda para perceber suas atitudes não evangélicas e sua total falta de querer servir e "lavar os pés" dos outros membros da comunidade e do povo de Deus que prometemos servir. Precisamos de muita paciência, muito diálogo e muita formação permanente. A própria pessoa precisa acolher na contemplação o Jesus do Evangelho com seu amor e serviço radical para perceber que sua atitude não está em sintonia com Jesus e sua mensagem evangélica.[30] A mensagem do Evangelho é comprometedora e radical. Um religioso professa viver todo o Evangelho de uma forma radical. Tais atitudes de individualismo exagerado escondem qualquer profecia evangélica.

Um segundo aspecto da pós-modernidade é o subjetivismo moral. Segundo essa teoria, não existe mais uma moralidade objetiva. Não podemos dizer objetivamente que tais coisas são boas ou más. Toda moralidade é determinada segundo o julgamento pessoal de cada membro da comunidade religiosa. Se uma pessoa consagrada está sinceramente tentando viver o Evangelho, esse princípio daria certo e produziria bons frutos. É o mesmo conteúdo da famosa frase de Santo Agostinho: "Ame, e faça o que quiser". Se a pessoa está pronta para colocar seus julgamentos morais diante da comunidade para poder buscar juntos a vontade do Pai em circunstâncias concretas de sua vida, também, tal princípio é bom e válido. Mas se é simplesmente a atitude de que tudo vale, e que não preciso respeitar os outros, nem na comunidade, nem na missão, e que não preciso morrer para mim mesmo para seguir Cristo, então mais cedo ou tarde haverá problemas sérios com essa pessoa dentro e fora da comunidade religiosa. É impossível viver o Evangelho assumindo esse princípio egocêntrico. O que podemos fazer nessas circunstâncias? Acho que como superior(a) precisamos sentar e falar caridosamente com essa pessoa pedindo que se abra para outras fontes de interpretação moral em sua vida. Que ela estude um pouquinho sobre o assunto com livros sérios escritos por peritos nesse campo teológico. Que ela

---

[30] *Ibid.*, p. 309-310.

busque, sobretudo, um bom diretor espiritual que possa calmamente questionar sua presente atitude de vida quando ela não combina com o princípio do amor e da radicalidade do Evangelho. Mas onde há problemas causados na comunidade pela atitude dessa pessoa, então o superior(a) precisa ir ao confronto de correção fraterna e seguir o processo evangélico: sozinho, depois com outros e finalmente ao superior maior em casos graves.

6. Obediência diante do carisma congregacional

Houve passos grandes, especialmente entre as congregações femininas, onde aos membros de uma província foram dadas oportunidades para receber uma formação profissional segundo o carisma da congregação (educação, medicina, sociologia, psicologia, teologia etc.). Isso foi uma bênção e ajudou nossa *diakonia* e profecia na Igreja e no mundo.

O problema começou e continua agora com alguns membros da comunidade provincial querendo estudar matérias que, de fato, não têm nada a ver com o carisma da congregação. No fundo, torna-se um problema da obediência. O querer do irmão(ã) é para estudar tal matéria, e o querer da província é outro. Essa situação causa conflito e, às vezes, uma atmosfera de descontentamento e de crítica dos dois lados. Em alguns casos chega-se até a tomada da decisão de sair da congregação.

Deve haver um maior discernimento entre o provincial, seu conselho e a pessoa que pede o estudo de alguma matéria. O conselho precisa fazer perguntas bem específicas como:

— se tal matéria pedida para estudar toca ou não no carisma congregacional?
— se tal estudo vai avançar o carisma congregacional na Igreja e no mundo?
— qual é a necessidade de tal estudo para a província em geral?
— se haverá um retorno desse investimento no plano apostólico da província?

São perguntas práticas de discernimento mútuo, mas perguntas que precisam ser confrontadas num ambiente de abertura e de caridade dos dois lados. Esse tipo de questionamento deve ser introduzido já no tempo de formação inicial, quando a Província esclarece seu carisma e obras e prepara os candidatos a se aperfeiçoar já nesses campos específicos para fortalecer a vivência e a prática do carisma. Desejos para estudar outras matérias fora do campo do carisma da congregação devem ser confrontados ainda na formação inicial para o melhor discernimento vocacional do próprio candidato. Que ele(a) possa discernir desde logo que tal estudo desejado, de fato, não toca no carisma congregacional. E, se o candidato quiser insistir em tal estudo, então deveria procurar uma congregação cujo carisma está nessa linha.

7. Dinâmicas práticas do pastor(a) da comunidade

a) Revisão de vida

Uma ajuda muito importante na vida de uma comunidade religiosa é a revisão de vida. Revisão de vida é um método e um processo de conversão contínua na comunidade que é ao mesmo tempo algo pessoal e comunitário. Antigamente chamava-se de "capítulo de faltas". E talvez por causa desse título, caíssemos no erro de pensar que a revisão de vida trata *somente* de coisas negativas ou faltas. Essa ênfase criou certa resistência, se não desgosto, dessa ajuda necessária na vida consagrada. Revisão de vida é um confronto com a caminhada *total* da comunidade e não somente das coisas negativas. A comunidade na revisão também precisa celebrar sua fidelidade diante de seu compromisso de consagração, de sua vivência fiel das constituições, sua fidelidade na vivência do carisma fundacional, e de sua profecia no meio do mundo. É reconhecer, é celebrar terminando num cântico de louvor a Deus: "O Senhor fez em nós maravilhas, e Santo é o seu Nome!"

Segundo, a revisão tem por finalidade ser uma ajuda para buscar a vontade do Pai para todos os membros da comunidade. É um momento de discernimento comunitário para descobrir o que Deus quer concretamente da comunidade. Revisão, então, fala de abertura ao Pai que revela sua vontade à comunidade.

Terceiro, a comunidade reconhece em humildade onde está falhando na vivência do Evangelho, da consagração, da vivência das Constituições, no andamento da comunidade afetivamente e espiritualmente, e em sua profecia dentro e fora da comunidade. Mas não é só reconhecer. Talvez este fosse o grande erro do passado. Revisão busca então *soluções concretas* para superar seus defeitos nessas áreas. Mas é necessário que seja um esforço comunitário. Não é suficiente, por exemplo, dizer que falhamos em dar um espaço honesto para Deus na oração, ou que houve uma falta de caridade na comunidade. A comunidade, então, precisa marcar concretamente momentos de oração, e buscar a reconciliação de verdade por causa da falta de caridade. Não pode ficar em teorias, mas sim, em atos concretos de conversão. É o dever do superior(a) para mansamente dirigir os membros da comunidade, não somente acolher a necessidade de conversão mas, também, buscar soluções práticas de conversão. O dever do superior(a) é fornecer momentos para que essa revisão possa acontecer numa atitude de fé e compromisso. Talvez seja necessário explicar primeiro aos membros da comunidade as finalidades dessa revisão. Não é só o negativo. E esse momento fornecido na própria estrutura da comunidade deve ser respeitado e a participação idealisticamente deve ser de todos. Se alguns não querem participar nesse processo, então os membros que querem crescer dentro das dinâmicas desse meio devem fazer essa revisão. Não devemos ficar para trás porque alguns não querem participar. Há uma certa prioridade da necessidade da revisão de vida na comunidade. Precisamos dar mais espaço para nosso crescimento individual e comunitário. Precisamos de momentos de qualidade juntos para fornecer espaço para crescer juntos(as) em nossa fidelidade. Deve ser um momento especial onde "gastamos tempo juntos" na busca de fidelidade na consagração.

b) Cerimônia de reconciliação

Nós sabemos bem que uma verdade na vivência comunitária é a realidade que ofendemos uns aos outros. Ninguém escapa dessa realidade. Já tratamos isso na qualidade de uma comunidade que é perdoante. Somos um bando de imperfeitos tentando viver o perfeito. Queiramos ou não, consciente ou inconscientemente, ofendemos uns aos outros. Não existe uma comunidade perfeita e nem Cristo teve esse luxo com sua comunidade íntima dos doze apóstolos. Diante dessa realidade, há naturalmente um aumento de tensão na comunidade. Mas essa tensão precisa de confronto. A tensão nessa situação tem duas possíveis soluções:

— o alívio da tensão através da crítica destrutiva, hostilidade aberta ou a famosa "guerra de silêncio". Tudo isso, de fato, ao invés de aliviar, aumenta a tensão, sem falar do fato que é antievangélico.

— a segunda solução é confronto com a tensão por meio de uma cerimônia de perdão mútuo. O superior(a) deve ficar atento(a) para perceber os sinais evidentes de tensão na comunidade: silêncio, o aumento da crítica forte, mal-estar, a não participação de alguns nas atividades da comunidade, um ambiente que dá a impressão de que todos estão andando em cima de ovos e ninguém quer falar o que, de fato, está acontecendo. Há medo de confronto em poucas palavras. Nesses momentos, um bom pastor(a) ofereceria a oportunidade para celebrar o perdão na comunidade. Numa cerimônia tranquila, diante da Palavra de Deus, a comunidade é convidada a buscar o perdão dos outros, e a dar perdão aos outros. Não precisamos exagerar o que aconteceu porque a situação já está num estágio de exagero. Mas é acolher primeiro o perdão de Deus porque nossa profecia do amor Trinitário falhou. Depois, num gesto carinhoso, podemos perdoar uns aos outros. Seria bom terminar a cerimônia com a santa comunhão, sendo a Eucaristia um sinal da unidade na comunidade. Normalmente essas cerimônias paralitúrgicas resolvem muitos dos problemas na comunidade. Quando uma pessoa diante da palavra ainda não quer perdoar o outro(a), então é o momento em que o superior(a) precisa de confronto pessoal com essa pessoa num colóquio como indicamos acima. Devemos tentar celebrar o perdão ao menos uma vez por mês dentro das liturgias normais da comunidade, antes que as tensões entrem num estado de exagero com os sinais evidentes mencionados.

c) Planejamento da comunidade[31]

Normalmente no começo do ano, uma comunidade deve entrar em discernimento para determinar a estrutura básica das coisas feitas em comum. Nenhuma comunidade pode viver sem alguma estrutura mínima. Nossas fontes de discernimento sobre o que devemos viver em comum são:

— Evangelho;
— nossas constituições e estatutos;
— a realidade da comunidade;
— as necessidades holísticas do grupo;
— a missão e o projeto comunitário.

---
[31] Schneider, *op. cit.*, p. 58.

O Evangelho deve levar-nos a considerar as exigências do seguimento radical de Jesus Cristo que inclui as três grandes dinâmicas: da fé, da esperança, e da caridade. Precisamos cultivar, que exige trabalho, uma comunidade centrada na pessoa de Deus (fé); uma comunidade fraterna (esperança); e uma comunidade de serviços dentro e fora da comunidade (caridade). Precisamos ser uma comunidade profética que vive a pobreza de fato e de espírito (esperança); uma castidade alegre, na qual somos capazes de amar e ser amados(as) e capazes de sair de nós mesmos para servir (caridade); e uma obediência radical diante da vontade salvífica do Pai manifestada através dos membros da comunidade e dos sinais dos tempos (fé).

As Constituições são um raio-x do fundador(a), de sua herança e de sua espiritualidade, que apresentam para nós toda uma estrutura para vivermos o carisma fundacional. Não podemos colocar ao lado essa riqueza quando nos reunimos para estabelecer nossa estrutura básica. Nossa espiritualidade congregacional deve iluminar-nos para colocar dentro de nossa estrutura o que o próprio fundador(a) disse. É essencial para alimentar o carisma e a missão da congregação. Toda espiritualidade é missão--orientada. Nossas estruturas devem existir *em prol da missão*. As constituições não podem ser um livro de referência, mas sim, um livro de vida para a comunidade. Um guia espiritual. O dever do superior(a) é facilitar um processo em que a comunidade tenha contato com essa riqueza antes que esteja pronta para decidir sobre sua vida e suas estruturas em comum.

A realidade da comunidade significa um confronto com duas realidades: a realidade da comunidade e a realidade de seus membros. Aqui algumas considerações são necessárias. Nós devemos ser donos de nossa realidade no sentido que não devemos nos matar com estruturas ou obras que prejudicam a saúde física ou espiritual dos membros dessa comunidade. É impressionante perceber quantos religiosos(as) reclamam que não têm tempo para rezar, ou tempo para passar na fraternidade com seus coirmãos(ãs). A estrutura das obras está em primeiro lugar e os outros deveres, como amizade e intimidade com Deus, são colocados em segundo lugar. Já vimos essa realidade no modelo de administração. A comunidade precisa de confronto e coragem para determinar suas prioridades no sentido de ser mais profética no meio do mundo. E as prioridades devem incluir todos os aspectos de nossa espiritualidade particular e congregacional: consagração, oração, amizade e missão. Não podemos colocar nenhum deles à margem ou a totalidade e a profecia vão sofrer. Precisamos de mais coragem para tentar profeticamente viver todos os aspectos de nossa espiritualidade. Coragem para sermos proféticos no mundo. O dever do superior(a) é questionar um ativismo que prejudica o quadro total de profecia na consagração, ou o medo de ser diferentes "do mundo", com opções diferentes do mundo para podermos assumir mais profeticamente nossa vida (Rm 12,2). O ser precisa ser cultivado. O fazer toma sua força do ser. Acho que o dever do superior(a) é, mais uma vez, facilitar o confronto dos membros da comunidade com as prioridades da vida consagrada. Ou essas prioridades são ou não são essenciais para cultivar nossas consagrações. E, se são essenciais, então, devem tornar-se prioridades em nossa vida. A comunidade deve, portanto, achar espaço honesto para colocar esses itens em sua estrutura básica.

As necessidades holísticas do grupo. Esse conceito é novo e ainda um pouco difícil para entender e colocar em prática porque falta-nos certa formação nessas coisas. A idéia é que nossa espiritualidade deve incluir não somente coisas sobre *práticas espirituais*, mas deve incluir também as coisas que tocam em muitos aspectos e necessidades de nossa pessoa. Certos aspectos de nossa totalidade humana e afetivo-sexual não somente foram esquecidos, mas até justificados para descuidar deles em nome de "religião" e de "espiritualidade". Foi sempre a velha briga entre a alma e o corpo que não podem combinar na espiritualidade cristã, e chegou até a desprezar o corpo com a ideia de que ele interfere no espírito. Portanto, houve toda uma teologia e espiritualidade que disse que devemos evitar qualquer manifestação e pretensão de cuidar de nosso corpo de qualquer forma. Isto, sobretudo, se manifestou nos assuntos de nossa sexualidade e afetividade.

Avançamos muito para erradicar esses erros, até teológicos, nas últimas décadas. Uma visão holística inclui todos os aspectos de nossa humanidade: oração, vivência comunitária, saúde, lazer, missão, maneira de vestir e comer etc. Cada comunidade precisa fazer seu "mapa de vida" onde todos os aspectos são respeitados numa grande harmonia de vida.

Outra consideração da visão holística é a realidade de considerar as diferentes idades com suas necessidades diferentes: jovens, idade média, terceira e quarta idades.

Devemos incluir criativamente todos os membros da comunidade em tudo, mas segundo suas possibilidades físicas e psicológicas. Gostaria de frisar que devemos dedicar um pouco mais de tempo para nossos jovens religiosos(as) que vêm às nossas comunidades diretamente do noviciado ou que ainda estão no juniorato. Aqui um colóquio mensal com o superior(a) é essencial e importante para esses(as) jovens. Sua formação foi muito mais *personalizada* do que no tempo dos mais idosos(as) da comunidade. Eles(as) estão acostumados(as) a sentar e falar abertamente sobre sua vida. Acompanhei vários jovens religiosos(as) nos últimos anos e fico tocado como a maioria tenta procurar esse contato com seu superior(a), mas o superior(a) simplesmente "não tem tempo". Há superiores(as) que tentam menosprezar os sentimentos dos jovens como se fossem algo puramente "passageiro", e, por isso, acham que o jovem não precisa falar sobre eles. O superior(a) precisa ficar atento(a) para as necessidades individuais de cada membro sem tentar colocar todos dentro da mesma moldura. Cada um(a) terá necessidades diferentes e precisamos acolher e atender essas necessidades dentro das exigências do Evangelho, das *Constituições* e de nossas possibilidades humanas.

Planejamento da missão apostólica. Incluído no planejamento de qualquer comunidade apostólica está o planejamento da missão da comunidade. Sabemos que houve o problema do pêndulo nesse sentido. Houve puro autoritarismo no passado, e algumas comunidades sofreram com o individualismo exagerado. Os dois extremos são errados e impedem a vivência evangélica da missão. Hoje precisamos ter um discernimento comunitário para poder determinar o que vamos fazer pelo Reino de Deus, como vamos fazer, quem são os destinatários da missão e quem vai fazer o quê. É mesmo um projeto comunitário sobre nossa missão na Igreja e no mundo. O ponto central é o serviço ao povo de Deus e não os nossos interesses pessoais. Tudo deve ser relido à luz do carisma e da realidade em que vivemos. Precisamos de muito discernimento nesse assunto porque houve muitas mudanças recentemente. Há menos vocações, e não podemos fazer tudo o que fizemos no passado. O importante é colocar diante de nós *o carisma fundacional* e buscar fidelidade a ele. O importante é colocar diante de nós nossa realidade atual diante dos apelos desse carisma. E o importante é que tudo isso deve ser um projeto comunitário em que todos(as) participam no planejamento e na execução da missão. Infelizmente, esse aspecto comunitário a respeito da missão foi muito abandonado nos últimos tempos. O individualismo tomou conta do aspecto comunitário e cada um(a) faz "sua coisa" sem discernimento comunitário. Precisamos voltar para nossos fundadores(as) e para o grupo inicial de nossas congregações para descobrir como tudo foi feito e planejado em comunidade.

Incluído nesse discernimento está o atrito que acontece entre o carisma fundacional e os carismas pessoais. Precisamos buscar e promover ambos. De um lado, a criatividade (pessoal); do outro lado a fidelidade ao carisma (comunitário). Esse casamento nem sempre é fácil e somente um diálogo aberto e honesto entre o superior(a) e o coirmão(ã) pode fornecer o ambiente evangélico para buscar juntos(as) a vontade do Pai em casos concretos da vida.

d) Oração na comunidade

Não vou demorar muito nesse assunto. Acho que essa questão de oração comunitária tem sido tratada muito bem em nossas assembleias e nos capítulos provinciais, e houve uma refundação criativa em muitas de nossas congregações na maneira de rezarmos na busca de uma experiência de Deus. Somente gostaria de citar alguns itens. Primeiro, parece que os religiosos(as) estão procurando mais a necessidade de intimidade com Deus. É um sinal positivo no processo de refundação em nossas congregações. Mostramos isso através de uma maior diversidade e maior criatividade em nossa oração comunitária. Mas esse fato possivelmente tem causado tensão em algumas comunidades. Há, às vezes, certas resistências diante do "novo jeito" de rezar com mais espontaneidade. A nova geração foi formada para buscar maior criatividade na oração, onde nós, os mais idosos(as), fomos formados(as) para uma estrutura mais rígida que não permitia nenhuma criatividade. Um exemplo é a maneira de rezar a oração do *tempo presente*, na qual alguns(as) membros da comunidade exigem que sigamos suas rubricas rígidas sem podermos usar qualquer criatividade. Os mais jovens, querendo usar um pouco de criatividade na maneira de rezar essa oração comunitária, podem causar tensão na comunidade. A finalidade da oração comunitária é ter *uma experiência de Deus* e captar os sinais de sua Copiosa Redenção acontecendo na comunidade, na vida e no mundo. É celebrar a vida da comunidade, da Igreja e do mundo buscando Emanuel, Deus conosco. É rezar a vida para celebrar Deus entre nós, conosco e nos salvando diariamente. Sem essa visão, é possível passar muitos anos de oração comunitária sem experimentar o amor de Deus em nossas vidas diárias. Deus se torna uma ideia e não uma pessoa amante que Ele é: "Deus é amor" (1Jo 4,7-21).

Esse conflito deve ser confrontado pelo superior(a) numa revisão de vida, de novo, com muita paz e paciência. Como é difícil reconciliar formações e estruturas diferentes, mas é possível se nos confrontarmos com a finalidade da oração comunitária. A pergunta essencial, mas dolorosa, é se a estrutura da oração na comunidade está, de fato, fornecendo meios para experimentar Deus ou não. A pergunta essencial é se a oração da comunidade está fornecendo meios para amar a Deus, ser amado por Ele, e se ela nos impulsiona para amar ao próximo na comunidade e na missão ou não. Perceber se a oração está fornecendo meios para animar a vida consagrada e a fé dos membros ou não. Se a oração está animando os membros a viver o carisma congregacional ou não. Essas perguntas precisam ser confrontadas com paz e com paciência. Não podemos deixar que uma estrutura, possivelmente caduca, continue sendo a norma de nossa oração na comunidade. O que é estrutura caduca leva à morte. Precisamos buscar o novo que pode ajudar-nos na experiência de Deus e que nos confirma em nosso desejo de consagração e de missão. Não podemos absolutizar qualquer meio de rezar. Isto fecha toda a possibilidade do Espírito Santo nos mover para o novo. Precisamos de muita abertura para deixar o que não serve mais e acolher o novo que nos leva a sermos amados e, em resposta, amar a Deus e ao povo de Deus.

A solução prática e dolorosa é que *nunca vamos agradar a todos* todo o tempo porque essa questão trata de gostos e costumes. Aqui o superior(a) tem o dever de buscar a conquista do respeito para as necessidades de cada um(a) na comunidade. Pode fazer isso dando espaço para cada um(a) que dirige a liturgia naquela semana. Um(a) vai ficar com maneiras mais formais e outros(as) com mais criatividade. Devemos dar espaço para respeitar as duas maneiras. Devem ser aceitas com tranquilidade e abertura as diferenças e não um simples "aguentar" a situação. Deve haver ao menos duas vezes por ano, talvez no começo e no meio do ano, uma avaliação de nossa oração comunitária. Sempre com a possibilidade de ver que precisamos mudar certas coisas, ou devemos ficar como estamos caminhando. É claro, quem deve promover essa avaliação é o superior(a), com a corresponsabilidade e participação de todos(as). Isto é ser pastor(a) do rebanho que Deus confiou em suas mãos.

e) Momentos de lazer

Em certo sentido, esse aspecto de lazer na vida comunitária é novo. Antigamente esse aspecto foi bem estruturado e foi chamado de "recreio em comum", normalmente depois do almoço ou do jantar. Não sei se hoje o conceito de lazer teria o mesmo sentido da palavra. Acho que agora lazer é algo muito mais amplo, que frisa dois aspectos: um aspecto pessoal e um aspecto comunitário. É uma parte essencial das necessidades holísticas, isto é, que cada membro da comunidade precisa de lazer.

O aspecto pessoal refere-se à necessidade de perceber que cada ser humano precisa de momentos para relaxar. A vida religiosa em si é intensa. Começamos cedo e vamos até tarde correndo como "galinhas sem cabeças". Precisamos, então, de momentos para relaxar, para podermos voltar a assumir nossa vida intensa. Não somos máquinas. A velha norma, ensinada para fortalecer o modelo de administração, disse que aquele(a) que pára e não está fazendo nada não é um bom religioso(a). Mas essa norma não cabe mais na vida religiosa nem espiritualmente nem psicologicamente. Nessa questão de lazer, cada um(a) é diferente, o que significa ser difícil determinar normas para todos os membros de uma comunidade. Alguns(as) precisam mais, alguns(as) menos tempo de lazer. É uma questão pessoal mas que deve ser partilhada com o superior(a) e com os outros membros da comunidade. Deve ser uma questão de discernimento participado. À maneira que cada um quer exercer "seu lazer", isso deve ser levado para o conhecimento de todos para evitar possíveis mal-entendimentos e reações negativas. Não é interferência, mas sim, conhecimento.

Mas também cada comunidade deveria procurar um *momento de lazer em comum* que facilita a fraternidade e a necessidade de se relaxar num ambiente agradável. Esse momento deve ser planejado e assumido por todos os membros da comunidade religiosa. Não seria um pecado deixar todos os compromissos de lado para dedicar momentos de qualidade juntos. "Então Jesus disse para eles: 'Vamos sozinhos para algum lugar deserto, para que vocês descansem um pouco'" (Mc 6,31). Não devemos aceitar muito facilmente desculpas para não assumir que todos juntos participem desses momentos agradáveis. Muitas vezes esses momentos tornam-se uma fonte para resolver e sarar muita tensão na comunidade entre os próprios membros. O superior(a) deve ficar atento(a) para perceber a necessidade de colocar esses momentos no planejamento e de convocar a comunidade para um dia de descanso quando notar que há tensões fortes no grupo.

DINÂMICAS DE PARTILHA

Dinâmicas que podem ser usadas em reuniões da comunidade para facilitar a partilha de vida sobre os assuntos desse capítulo 4. Todos são convidados(as) a participar, mas não pode ser algo forçado.

Sobre o diálogo particular com o superior(a) da comunidade:

1. Você acha que é possível e proveitoso sentar uma vez por mês para falar de sua vida com o superior(a)? Como você realmente se sentiria diante dessa possibilidade?
2. Você já se sentiu magoado(a) porque algo falado em confidência ao superior(a) foi revelado aos outros na comunidade? Como você reagiu diante dessa situação? Poderia partilhar o caso?
3. Você acredita que o superior(a) poderia ser um "guia espiritual" da comunidade? Como?

Sobre o confronto pessoal de um coirmão(ã) com o superior(a):

1. Você acha que um superior(a) deve exercer esse tipo de confronto pessoal com os membros de sua comunidade no contexto da vida comunitária?
2. Como esse confronto deve ser feito pelo superior(a)?
3. Você pessoalmente foi ajudado por um superior(a) que lhe deu uma correção fraterna no passado? Poderia partilhar isso na comunidade?
4. Você teve uma experiência negativa num confronto com o superior(a) no passado? O que aconteceu para deixar em você marcas negativas?

Sobre individualismo e subjetivismo moral no contexto comunitário:

1. Você já experimentou um caso de individualismo exagerado por parte de um de seus coirmãos(ãs)? Como e qual foi sua reação diante disso?
2. Você acha que o subjetivismo moral, onde tudo vale, tem entrado em nossos conventos? Como você se sente diante disso? O que podemos fazer?
3. Você acha, como muitos artigos recentemente descrevem, que a profecia da vida religiosa tem sofrido muito por causa desses erros?
4. Qual é o caminho para um confronto evangélico diante desses erros?

Sobre a revisão de vida:

1. Você já teve uma vez uma experiência boa com a revisão de vida? Poderia partilhar como foi feita essa revisão?
2. Você já teve uma experiência negativa com a revisão de vida? O que aconteceu para estragar seu sucesso? Quais os erros a evitar?
3. Você estaria disponível para tentar de novo uma experiência da revisão em sua comunidade atual? Como podem implementar essa ajuda na prática?

Sobre o planejamento comunitário:

1. Você acha que sua comunidade fez seu planejamento em conjunto onde todos(as) participaram? O que faltou?
2. Você está contente com o planejamento da comunidade? Você acha que seria bom planejar uma revisão do planejamento feito esse ano?

3. Você acha que devemos ter uma revisão do planejamento duas vezes por ano?
4. Você acha que o planejamento está dentro da linha holística que trata de todas as necessidades diferentes da comunidade? Poderia partilhar seus sentimentos com a comunidade?
5. Você acha que houve um planejamento organizado do trabalho apostólico da comunidade?

Sobre a oração na comunidade:

1. Como você julgaria a oração comunitária na comunidade?
2. Você acha que a oração comunitária o está levando pessoalmente para uma experiência do amor de Deus? O que está faltando?
3. O que pode ser melhor na oração comunitária para animar nossa consagração e missão?

Capítulo V

O PROCESSO DE DISCERNIMENTO NA OBEDIÊNCIA

O discernimento comunitário faz uma parte essencial de qualquer comunidade religiosa buscando viver uma obediência radical segundo sua consagração, sua espiritualidade e sua missão carismática na Igreja e no mundo. Uma realidade recente é que as congregações religiosas precisam tomar mais decisões dramáticas em conjunto do que no passado. O princípio de subsidiariedade está jogando cada vez mais a corresponsabilidade para decidir coisas importantes nas comunidades locais. Nosso presente e futuro não são tão seguros como foi no passado, quando parecia que a fonte de vocações nunca ia acabar e nossas obras nunca teriam seu fim. Em poucas palavras, cada congregação precisa entrar no processo de discernimento comunitário para, com paz e serenidade, buscar soluções práticas, viáveis e de acordo com a vontade do Pai na obediência. Somos cada vez mais corresponsáveis no processo da obediência.

Mas a maneira com que aproveitamos do processo de discernimento pode determinar uma situação de paz e crescimento, ou uma fonte de divisões sérias na comunidade, seja local ou Provincial. O processo nem sempre foi usado como deveria e causou uma porção de dificuldades em todos os níveis de relacionamento entre superior(a) e coirmãos(ãs). Nem sempre estamos prontos para dialogar e discernir correta e evangelicamente. Falta, às vezes, em nossa formação a aprendizagem de meios práticos e teológicos para buscar uma obediência comunitária mais adulta e participativa. Parece que toda a ênfase na formação inicial foi sobre uma obediência mais particular do que comunitária. Foi mais individualista e intimista. Faltou formação, inicial e permanente, sobre uma obediência feita em nome da comunidade e por meio da comunidade toda. Qualquer processo de discernimento está cheio de emoções humanas, preconceitos, resistências, interesses individuais e grupos políticos fechados em sua busca interesseira. Tentar negar essa realidade seria preparar o caminho para a desilusão e o fracasso. Por isso, o processo nunca foi e nunca será *um processo tranquilo*. Os dois grandes perigos são os dois extremos do pêndulo: em um lado há o perigo de individualismo e subjetivismo exagerado. No outro lado, há o perigo de autoritarismo que apaga a possibilidade de o Espírito agir dentro do grupo. Outro perigo é um novo conceito de "democracia" na vida religiosa que pode até disfarçar um novo tipo de dominação e poder tão nocivo como o próprio autoritarismo que condenamos nos modelos mais velhos de poder. Por alguns religiosos(as), a democracia no discernimento foi confundida com o famoso ditado que "a maioria sempre está certa", ou "o povo falou, portanto, Deus falou". A noção errada é a de que quem ganha numa votação final expressa sempre a vontade do Pai. Nem sempre isso é a verdade. Atrás dessa maioria podem existir grupos de interesse e poder que querem manter as coisas como são. Assim, eles protegem seu poder ao invés de mudar sua vida acomodada segundo os apelos radicais do Evangelho. Existe o perigo de promover, *em nome da democracia*, muito subjetivismo egocêntrico, autorrealização egoísta e grupos de pressão e de poder. Somente um verdadeiro processo de discernimento evangélico pode libertar o grupo desses possíveis perigos. Quero frisar aqui que o único caminho para a libertação é o confronto honesto com nossas possíveis motivações não evangélicas. E, mais uma vez, quem precisa orientar a comunidade para acolher esses perigos e tensões e superá-las é o superior(a) local e provincial. O superior(a) é o agente principal no processo de discernimento, não tanto no falar, nem no controlar, mas no ajudar a comunidade a buscar uma abertura evangélica para acolher a verdadeira vontade do Pai. O superior(a) cria um ambiente para ajudar a comunidade a assumir os passos de obediência evangélica: a comunhão e submissão com o "querer do Pai" em circunstâncias concretas de nossa vida consagrada.

1. Finalidade de todo discernimento

Sempre é necessário esclarecer a finalidade de qualquer discernimento comunitário. O fim é:

- *buscar juntos* a vontade do Pai em circunstâncias bem concretas.
- *Acolher* essa vontade como uma comunidade local ou provincial.
- *Submeter-se como um grupo* para executar o que finalmente foi discernido.
- A finalidade do discernimento é chegar até *uma ação*. Ele não pode ficar somente em teorias.

2. Sentido do "discernimento comunitário"

"Discernimento" é uma atitude evangélica de "vigilância" ou de "escuta" diante da revelação da vontade salvífica do Pai no processo da copiosa redenção da humanidade. É uma abertura radical para captar todas as maneiras pelas quais Deus Pai possa revelar sua vontade a uma comunidade consagrada. É uma atitude de *fé* pela qual a comunidade acredita que Deus é um membro da comunidade e revela sua vontade através dos membros dessa comunidade e de muitos outros meios. Deus quer apresentar à comunidade a verdade que liberta. Portanto, seus membros buscam sinceramente o querer do Pai para descobrir o que Ele quer no processo da história da salvação. Portanto, discernimento fala, no fundo, de uma obediência radical diante da vontade salvífica do Pai. Fala de vida e de missão na Igreja e no mundo. Fala de participação na história da salvação com o Pai.

"Comunitário". Todo o processo de discernimento é um processo comunitário. Pode ser entre duas pessoas como acontece no processo de discernimento entre um dirigido e seu orientador(a) espiritual; pode ser uma comunidade toda buscando juntos; ou pode ser toda uma Província em momentos fortes de discernimento como em nossas assembleias e capítulos. Sendo comunitário, *todos os membros de uma comunidade devem participar com co-responsabilidade*. Não pode ser feito individualmente, nem por parte do superior, nem por parte de alguns indivíduos na comunidade. Sendo comunitário, também significa que todo discernimento é *um processo*. A clareza sobre a vontade do Pai em circunstâncias concretas normalmente não

acontece de uma vez. Por isso, a comunidade precisa entrar num espírito de oração, honestidade, abertura e purificação de suas motivações mais básicas antes de chegar a dizer que "agora sabemos o que Deus quer de nós". Não devemos procurar imediatismo no processo. Mas a finalidade do processo de discernimento é chegar até *uma ação concreta*. Discernimento cristão não fica no intelectual nem nas ideias, mas sim na ação.

3. Base teológica do discernimento

Na Bíblia vemos que Deus não é um Deus distante de seu povo e que Ele sempre quis a participação de seus filhos e filhas no processo de sua própria salvação. Deus trata seus filhos e filhas como adultos responsáveis. Ele fez sua "tenda" entre seu povo no deserto, e se faz presente e disponível em sua casa de encontro no templo e nas sinagogas inseridas entre o povo (Êx 40,34-35). No Novo Testamento, Cristo se fez carne e habitou entre nós assumindo ser nosso novo templo onde temos acesso livre ao Pai (Hb 9,11-14). E do templo, Deus dirige seu povo no processo de salvação. Por isso, a comunidade cristã, e especialmente uma comunidade religiosa, precisa cultivar uma sensibilidade espiritual para ouvir a voz de Deus dirigindo seu povo. A comunidade necessariamente consegue fazer isso através da oração de contemplação. Essa união com o amor do Pai se realiza no diálogo amoroso e pessoal com Deus e, depois, juntamente, no diálogo comunitário com nossos irmãos(ãs).

Discernimento comunitário não trata de coisas gerais e teóricas como, por exemplo, se devemos rezar ou não;

mas sim, é uma busca séria para descobrir o amor concreto do Pai na vida, é buscar o que ele quer de nós em circunstâncias concretas de vida. Por isso, uma base teológica é que, no começo do processo de discernimento, os membros da comunidade precisam colocar *em dúvida* suas opiniões pessoais para poderem escutar Deus e todos os membros da comunidade com abertura e sem preconceitos. Discernimento é um processo de "ouvir" Deus (oração) e ouvir meus irmãos (partilha). A própria palavra obediência significa "uma atitude de ouvir com atenção".[32]

Discernimento quer chegar até uma ação concreta e específica. Fala de uma comunidade religiosa em processo de copiosa redenção, buscando a vontade do Pai para cooperar com Ele na salvação do mundo de hoje.[33] Discernimento não é uma reunião de reflexão intelectual ou estudo comunitário. Sua finalidade é chegar até uma ação concreta assumindo a vontade do Pai em circunstâncias concretas.

4. As condições necessárias para discernir

A primeira condição para entrar no discernimento comunitário *é a oração pessoal*. A oração pessoal deve aumentar notavelmente durante um processo de discernimento comunitário. Deveria haver, no processo comunitário de discernimento, momentos marcados para a oração pessoal. É uma busca sincera e pessoal para ficar

---

[32] O'Murchu, *op. cit.*, p. 144.
[33] Alonso, *op. cit.*, p. 286.

sensível à presença de Cristo Ressuscitado no meio da comunidade, dirigindo a comunidade ao seu e nosso Pai. É um momento de celebrar o amor fiel de um Deus conosco que ama e salva a minha pessoa, mas também as pessoas do meu coirmão(ã). Há necessidade de vigilância evangélica para perceber como Deus está agindo entre nós por meio dos sinais do processo de sua salvação contínua. É necessário experimentar o amor "enlouquecido de Deus" à minha pessoa, antes que possa perceber na fé que Ele tem o mesmo amor aos meus coirmãos(ãs). Essa fé viva poderia ajudar-me a descobrir melhor a vontade do Pai amoroso na pessoa de todos aqueles que participem no processo de discernimento.

Oração pessoal é também uma abertura para deixar que o Espírito Santo esclareça e purifique minhas motivações, medos e tensões mais evidentes. Todos têm alguns preconceitos no início do processo de discernimento. Obediência seria deixar que o Espírito Santo esclareça, questione e nos liberte desses preconceitos.

Toda essa oração pessoal desemboca em liturgia comum na comunidade que está no processo de discernimento. Nossas experiências de Deus estão colocadas em comum para animar na busca, esclarecer nossas dúvidas, espantar nossos medos e resistências e preparar coletivamente nosso "eis-nos aqui para fazer sua vontade, Pai".

A terceira condição pessoal é a necessidade de acordar nossa *pobreza espiritual*. É assumir com fé que todos nós somos discípulos do Mestre Jesus. Sou dependente na pessoa de Jesus como o ramo precisa da videira para ter vida (Jo 15,1-6). É uma atitude de humildade, na qual percebo que sozinho(a) não sou a fonte ou o dono da verdade, e que preciso de meus coirmãos(ãs). Pobreza espiritual nesse sentido, então, significa que eu preciso questionar minha autossuficiência diante de Deus e dos meus irmãos(ãs). Isso não é tão fácil como parece. Quanto mais pobre sou, mais sou capaz de ser aberto para ouvir. É uma profunda libertação do meu egoísmo. Quem é evangelicamente pobre pode ficar desarmado de suas opiniões e preconceitos não evangélicos que bloqueiam uma escuta respeitosa dos outros. Silêncio diante do Espírito pode purificar minhas motivações egocêntricas nesse caso.

Há uma necessidade de determinar dentro de si e dos outros uma *reta intenção* que basicamente é uma busca sincera e honesta da vontade do Pai. Há necessidade de confronto com possíveis atitudes não evangélicas em mim, ou no grupo como um todo. Não posso iniciar o processo querendo dominar meus irmãos(ãs) ou buscando meus interesses pessoais. Isto seria um jogo de poder e não de obediência. No centro de tudo, a comunidade precisa acolher essa atitude evangélica: "Fala, Javé, seu servo escuta" (1Sm 3,10-11).

Há necessidade de ficar atentos para os apelos fortes *fora* do grupo. O grupo em si é limitado e aberto para sofrer certos erros e preconceitos. Uma fonte essencial e exterior ao grupo são os apelos da Igreja universal e particular por meio de seus documentos e orientações. Eles podem mostrar-nos claramente a vontade do Pai na questão que estamos tentando discernir. A revelação do plano de Deus não está limitada somente ao grupo que está discernindo. Podemos ser iluminados(as) por meio de muitas fontes exteriores ao próprio grupo em processo de discernimento.

Também há a necessidade de apelar para uma fidelidade criativa ao carisma da congregação. Durante o processo de discernimento precisamos celebrar em nossas liturgias a pessoa, a vida e os sonhos do fundador. Precisamos lembrar nossa história e o início carismático da congregação e da província. Precisamos confrontar-nos pacificamente, mas com honestidade, com os projetos originais do fundador(a), e quem foram os destinatários originais segundo a visão evangélica do fundador(a) que formou nosso carisma fundacional. Qual foi a espiritualidade fundacional que animou esse carisma, e como podemos criativamente renovar esse carisma hoje em circunstâncias concretas e culturais da vida. Quais foram os apelos do Espírito Santo nos últimos capítulos gerais e provinciais. Não podemos deixar o carisma original ao lado no processo de discernimento comunitário e provincial.[34] Ele fala muito para nós e nos faz honestos com nós mesmos.

Precisamos, com os dois pés firmes no chão, perceber as possibilidades reais da comunidade e da Província diante dos apelos e da questão em pauta para discernir. Inclui a necessidade para realisticamente considerar a situação atual de nosso pessoal. Se formos capazes de assumir mesmo o que estamos querendo. Se há possibilidades reais para realizar o novo projeto e se ele vai favorecer a vivência de uma comunidade fraterna. A questão de comunidade é importantíssima no discernimento se queremos ser profetas ou profetisas no meio do mundo. Não é só fazer obras, mas é necessária a possibilidade de cumprir fiel e profeticamente essas obras como uma comunidade religiosa. Se não, esta nunca será uma obra profética. Finalmente, há a necessidade de ver se há a possibilidade de verdadeiramente viver nosso carisma nessa nova situação, e não simplesmente assumindo

---

[34] Compêndio do Vaticano II, *op. cit.*, *Perfectae Caritatis*, n 1219.

trabalhos que não falam de nosso carisma. Erramos demais nesse ponto. No passado, somente cumprindo pedidos de bispos sem primeiro questionar-nos se é ou não segundo nosso carisma. Essas mesmas obras nos levaram a ficar distantes do carisma fundacional e infiéis a ele.

É necessário cultivar durante o processo de discernimento um espírito autêntico de fraternidade. Essa fraternidade necessariamente exige o acolhimento de todos como são, especialmente aqueles por quem sentimos certa antipatia, ou certa resistência por razões variadas, que têm muito a ver com o passado. É uma abertura para acolher o diferente no outro, não como uma ameaça à minha pessoa, mas como uma possível manifestação do Pai e de sua vontade. Esse processo também inclui a necessidade de querer perdoar outros por antigas mágoas, mas ainda vivas em meu coração. Somente o perdão pode criar um ambiente evangélico de caridade para chegar até uma abertura evangélica. Incluída nessa situação do passado e de mágoas está a necessidade de celebrar uma liturgia de perdão durante o processo de discernimento, seja na oração, seja na Eucaristia, seja na própria celebração do Sacramento de Reconciliação. Não é só viver juntos, mas é necessário celebrar nossas vidas cercados pelo amor de Deus que é nosso Pai, nosso Salvador, nosso Santificador, e pelos irmãos(ãs) consagrados(as), que buscam junto comigo fazer a vontade do Pai, na fidelidade à consagração.

Há a necessidade de criar um ambiente de serviço fraterno onde todos participam nos deveres comuns da comunidade reunida. Esse serviço alegre e participativo abre nosso coração para ouvir a voz de Deus sobre nosso autêntico carisma na Igreja e sobre os apelos para a fidelidade a esse carisma.

5. As fases do discernimento comunitário

a) Tensões

Tensão é uma parte evidente e humana no início de qualquer processo de discernimento. Tensão começa com a apresentação de ideias que não combinam com minha ideia, ou de algumas ideias que, no primeiro momento, me ameaçam. Também possivelmente já existem tensões entre os participantes por causa de experiências negativas do passado. Portanto, o processo já começa um pouco fechado e tenso. Mas a maior fonte de tensão é quando precisamos de confronto honesto para poder colocar o dedo na chaga que sempre dói, casos em que o indivíduo, ou o grupo em geral, quer fugir desse confronto. A verdade, que foi de propósito escondida embaixo da mesa por medo, de repente, fica exposta em cima da mesa. Essa situação pode causar uma porção de reações humanas que, infelizmente, aumentam a tensão ao invés de diminuí-la. Alguns exemplos dessa tensão:

— Um silêncio pesado, quando ninguém quer falar ou confrontar o assunto por medo. É o momento em que não temos a coragem de olhar um para o outro. Ficamos com os olhos fixos para baixo. Ninguém quer fazer contato com os olhos dos outros e especialmente com aquele(a) que é a fonte e a causa da tensão.

— Existe o medo de expressar o que realmente queremos dizer porque no grupo há personalidades fortes que já deixaram clara sua posição sobre o assunto e jogaram "ameaças escondidas" para todos os que não concordam com eles(as). O medo dos outros causa tensão, silêncio e, sobretudo, o pecado de omissão.

— Há tensão quando membros percebem que o assunto em pauta vai exigir deles uma mudança, mas uma parte ou todos no grupo estão contentes como são. Ninguém quer assumir essas mudanças. Todos já sabem que eles não querem optar pela mudança nem pela conversão. Querem ficar na acomodação. Há, então, uma tendência de ficar na superficialidade do assunto que não exige conversão, ou alguns tentam diminuir a importância verdadeira do assunto para o grupo. Enfim, há fuga da verdade que liberta e o grupo se fecha em si mesmo para não ouvir a voz do Pai em obediência. O medo vence a verdade nesse caso.

— A possibilidade de ficar sentido ou magoado porque a chaga exposta toca diretamente em minha vida pessoal ou comunitária. Nós, em geral, ainda não aprendemos como acolher a verdade, e que a busca da verdade não significa nem ataque nem rejeição de minha pessoa ou ideias. Infelizmente encaramos qualquer colocação como se fosse um ataque pessoal contra minha pessoa ou como uma rejeição. Minha reação negativa e agressiva somente pode causar um profundo fechamento em mim mesmo e no grupo como um todo. Mas, diante dessa realidade, alguns optam por um silêncio pesado que é um tipo de chantagem emocional. Tal silêncio causa tensão entre os outros membros. A pessoa fica na margem e toda a comunidade sente sua falta de participação. Mais uma vez, a busca da verdade na obediência fica para trás.

— Há tensão quando um assunto coloca em sério questionamento uma atitude que estamos vivendo, e que traz à luz ou põe em destaque certas pessoas que vivem essa atitude. A reação humana é tentar imediatamente defender-se ao invés de buscar a verdade. Às vezes, a defesa é tão forte, se não violenta, que ninguém quer mais tocar no assunto. O discernimento dramaticamente parou. Mais uma vez o medo vence a verdade.

— Há tensão causada por nossos preconceitos contra pessoas e ideias até antes de começar o processo. Eu já venho armado e tenso para o processo de discernimento. Já venho pronto para defender "até a morte" como guerreiro minha posição, sem dar oportunidade para os outros falarem. Essa atitude negativa normalmente já passa para os ouvidos dos outros(as) antes da reunião. Portanto, um processo de tensão e seu resultado, fechamento e omissão já começaram antes de iniciar-se o processo de discernimento. Todos só estão esperando, com medo, a bomba estourar.

— E, finalmente, há as tensões causadas pelos julgamentos maliciosos, feitos nos corredores, antes e durante o processo de discernimento. Às vezes coisas, até não evangélicas, são ditas contra nossos coirmãos(ãs) que possuem ideias diferentes. Alguns(as) pintam inclusive um retrato perfeito de um "demônio" ao invés de um coirmão(ã). E, infelizmente, há uma tendência na vida comunitária para acreditar o pior. Portanto, a reunião de discernimento já se inicia com uma falta de caridade, e isto já causa fortes tensões durante o processo. Não há aceitação do outro e reina o julgamento triste de nossos irmãos. E quem participa nesse julgamento fecha seus ouvidos e coração quando esse irmão(ã) fala na assembleia.

Por isso, tensões precisam ser esperadas, admitidas, assumidas, mas *superadas* somente por meio de um confronto direto com o problema. Isto é um lugar importante do superior(a) do grupo (provincial, local ou formação). É necessário assumir que no processo de discernimento haverá seus momentos de sofrimento. Não existe discernimento sem sofrimento e sem conversão que exigem mudanças em minha e em nossa vida. Mas somos convidados a superar essa tensão *pela caridade* para podermos acolher a verdade que pode libertar-nos. Um exemplo bíblico dessa tensão foi a forte diferença entre os sacerdotes e fariseus convertidos ao catolicismo e os que foram mandados a pregar aos gentios. De um lado, houve a falta de ação por parte de Pedro e a comunidade em Jerusalém para esclarecer essa situação, e do outro lado foram Paulo e Barnabé meio agressivos com sua posição forte sobre o futuro dos gentios na Igreja. Houve tensões fortes no começo do Concílio de Jerusalém, mas eles conseguiram superá-las e chegar até uma ação unida a respeito dos gentios convertidos (At 15,1-35).

b) Tempo de purificação

O tempo de purificação é um tempo necessário para buscar a paz interior. É um momento para pessoalmente purificar as fontes das minhas tensões através de contato com Cristo presente no meio da comunidade. A comunidade pára no meio da tensão e busca a oração. É um tempo de libertação no Espírito Santo, quando me confronto com minhas resistências, medos, ameaças, para acolher a vontade do Pai. É o tempo de iluminação, sobretudo, das minhas motivações. Um tempo de honestidade buscando o *porquê* de minhas reações negativas e agressivas. É um tempo forte de fé, quando convido Cristo e seu Espírito a me mostrarem a mim e a meus companheiros a vontade do Pai. É um momento forte de perceber que, apesar desses sentimentos fortes, Deus me ama e me convida a participar com ele e com meus coirmãos(ãs) na salvação do mundo. É um tempo que exige um profundo silêncio interior e exterior para podermos fazer uma viagem para dentro de nós mesmos e achar o verdadeiro "eu consagrado" tão amado por Deus Pai. Nesse momento de silêncio, é absolutamente necessário que não haja conversas paralelas nem política ou pressão de grupos nos corredores. Precisa de silêncio para realmente fazer essa viagem para dentro de si mesmo(a). Somente eu e Deus, sozinhos, em imitação de Cristo na montanha, procurando o Pai e sua vontade. Cada momento no processo, quando há uma sessão de "violência" ou desamor em qualquer forma, é necessário que o grupo pare para procurar o silêncio e a oração. O silêncio cura se deixarmos espaço honesto para o Espírito Santo agir em nós.

É bom acolher o fato que alguns possivelmente não vão optar por dar esse espaço honesto ao Espírito Santo. Podem preferir ficar na agressividade até depois do silêncio porque optaram pelo orgulho, agressividade e fechamento para ouvir seus irmãos. Preferiram tapar seus ouvidos e seu coração para não ser obedientes. Isso vai dificultar o processo nos passos seguintes. Mas a maioria agora percebe a agressividade no outro e sua opção por não buscar a verdade. Tente continuar o processo apesar do fato de alguém preferir ficar fora do processo.

c) Tempo de concórdia

Esta seria a hora de reunir-nos de novo em plenário depois da sessão de purificação para podermos enfrentar em paz o problema que precisa de uma resposta urgente de ação. É um tempo de grande caridade e de escuta respeitosa do outro. É tempo de perceber como, de fato, Deus estava dirigindo o grupo para um consenso. Esse consenso nunca será perfeito e devemos acolher essa verdade na paz. *É o momento de decidir.* É o momento de votar. É o momento de assumir e, com coragem, dar passos concretos para tentar resolver esse problema.

6. Uma técnica de discernimento

O primeiro passo: O primeiro passo em discernimento comunitário é a necessidade de claramente apresentar a essência do assunto que exige nosso discernimento. Muita confusão acontece por causa da má preparação da pergunta e, por isso, é de máxima importância a clareza na colocação do problema a ser tratado. A declaração da pergunta tem somente uma finalidade: *entender bem a questão em pauta.* O que não deve entrar na questão é como vamos executar a decisão. Essa é uma outra etapa que vem depois da decisão. O dirigente, normalmente o superior, deve estar bem alerta para corrigir isso nas colocações dos membros porque sempre há a tendência de pular para como vamos fazer antes de claramente descobrir o que Deus quer de nós. O fim do discernimento é ficar somente na decisão. Somente depois o grupo ou uma comissão vai implementar o "como" do que foi decidido.

Por exemplo, depois de consultar a base, a pergunta clara que precisamos discernir é, por exemplo: *devemos ou não devemos fechar nossa escola em São Paulo?* É entendido que antes houve um estudo partilhado sobre o ver e o julgar da situação específica dessa escola. Agora a pergunta é clara, e chegou o momento de decidir: devemos ou não fechar a escola em São Paulo? Todas as opiniões dos coirmãos(ãs) já devem estar nas mãos de todos os que estão incluídos nesse processo de discernimento. E como sempre, no começo do processo, deve haver uma salada bem mista de opiniões.

O segundo passo: Depois que todos entendem a questão em pauta, vem o primeiro momento de oração e de purificação. Todos deveriam, em total silêncio e oração, escrever num papel preparado *duas razões a favor de fechar a escola*. Mesmo que os membros estejam contra essa opinião, é necessário achar duas razões para fechar a escola. As respostas devem ser honestas, claras e baseadas no carisma, nos documentos da Igreja, e na inspiração pessoal do Espírito Santo à minha pessoa. O fim do silêncio é deixar um espaço para que Deus revele ao seu coração o que ele quer. De novo, é proibido qualquer falatório ou política durante esse período de silêncio e de oração. Cada membro, no fim de seu discernimento pessoal, precisa escrever no papel suas respostas.

O terceiro passo: Os coirmãos(ãs), ainda em silêncio, voltam para o plenário. Cada um, sem exceção, é convidado a levantar para ler suas razões. Não apresentarão comentários, defesas, ou políticas sobre o que escreveu no papel. São somente as duas razões por que devemos fechar nossa escola em São Paulo. Mais nada. Somente pode ler as razões que escreveu. Ninguém deve comentar sobre as razões de seus coirmãos(ãs). Não deve mudar suas razões no meio da apresentação por medo ou pressão de um grupo. Alguém, como secretário(a), deve depois fazer uma síntese de todas as colocações. Nesse momento o superior(a) pode convidar alguns para, brevemente, falar sobre as razões apresentadas. Mas não no sentido de julgar ou discutir essas razões.

O quarto passo: Os irmãos(ãs) agora voltam para a oração e dessa vez cada um deve apresentar *duas razões para continuar com a escola aberta*. Mesmo que os irmãos estejam contra essa opinião, eles(as) precisam achar duas razões para manter a obra em exercício. As respostas devem ser honestas e sinceras. Deve haver um período de silêncio e oração sem falatórios ou pressão política de grupos nos corredores. Como antes, devem escrever suas respostas no papel fornecido. É um momento de purificação de seus medos, dúvidas e resistências. É buscar mesmo duas razões por que você acha que Deus quer que a escola fique aberta.

O quinto passo: A comunidade volta para o plenário onde todos, sem exceção, colocam diante do plenário as razões que acharam em seu discernimento pessoal. Não devem mudar o que escreveram. Não há comentários ou explicações, nem debate. Um secretário(a) deve fazer uma síntese das respostas recebidas de todos os membros. Depois que todas as razões são colocadas em comum, o superior(a) pode pedir alguns comentários mas, de novo, não no sentido de debater o que alguns escreveram.

O sexto passo: Agora, com as duas sínteses nas mãos de todos os participantes do discernimento, o grupo sai para um período até mais longo de oração particular. Esse é o período de *purificação e abertura ao Espírito*. Pode acontecer que o consagrado(a) antes convicto de tal opinião, agora em oração, escute as respostas contrárias em paz e

com abertura. É o momento de confronto com suas motivações mais profundas e sobre a honestidade de suas respostas pessoais. É um momento de confronto com seus medos, chantagens emocionais e sua acomodação. É o momento de *submissão e de obediência*. É tempo de libertação diante dos apelos do Pai. Assim os membros vão ficar em paz para poder decidir o que Deus realmente querem pelo bem da comunidade e da Igreja. Finalmente, cada membro precisa assumir uma posição definitiva diante de três possibilidades. Em obediência assumida, o coirmão(ã) escreve no papel fornecido uma das três possíveis respostas, como um adulto obediente e livre:
1 — deve-se fechar a escola;
2 — deve-se deixar aberta a escola;
3 — a questão ainda está confusa.

O sétimo passo: Todos voltam para o plenário com sua resposta escrita no papel. Cada um levanta para proclamar sua resposta sem palavras extras, nem com explicações defensivas, condições ou justificativas. É "sim", "não" ou "ainda está confuso". É impressionante notar que o grupo passa de um período de tensão para um momento de consenso. Se o processo foi feito com honestidade, normalmente uma dessas três propostas predominará notavelmente. Pode ser sim, pode ser não, ou pode ser que a questão ainda esteja confusa. Quando uma opinião está em predominância majoritária, então o grupo pode e deve decidir: deve ir para a ação. O segundo passo seria como cumprir isso, mas normalmente já é um passo tranquilo diante da decisão já tomada. Mas se a resposta predominante é que a questão ainda está confusa, então, o grupo não deve decidir. O discernimento não está suficientemente maduro para decidir. O grupo todo precisa voltar para estudar o ver e o julgar da questão em pauta. Se conseguirmos viver na fé esse processo, a decisão final será bem democrática e livre. Não houve a manipulação de ninguém, e o Espírito declarou-se por meio dos membros da comunidade. Isto traz paz, aceitação e compromisso para passar para o segundo passo, a execução e a cooperação corresponsável do grupo no cumprimento da vontade do Pai.

DINÂMICAS DE PARTILHA

Dinâmicas que podem ser usadas em reuniões da comunidade para facilitar a partilha de vida sobre os assuntos desse capítulo 5. Todos são convidados(as) a participar mas não pode ser algo forçado.

Sobre a necessidade de discernimento comunitário:

1. Você sente necessidade, às vezes, de consultar outros(as) sobre o que Deus quer de você na vida concreta? Por quê?
2. Você já experimentou uma ajuda valorosa de outros(as) na busca da vontade de Deus em sua vida consagrada? Como aconteceu?

Sobre as condições necessárias para discernir no contexto comunitário:

1. Você acha que no passado recente tentamos discernir coisas mas sem o aspecto espiritual como a preparação com oração e liturgia? Por que você acha que esquecemos de invocar Deus em nossos discernimentos?

2. Você já experimentou uma situação em que no processo de discernimento alguém pensava que era o "dono(a) da verdade" e faltou pobreza espiritual? Como você vê isso?
3. Sem uma "intenção reta" nosso discernimento comunitário sempre vai impedir que o Espírito aja em e por nós. Você sentiu alguma vez que faltou essa honestidade de buscar a verdadeira vontade do Pai? Como?
4. Você sente que sua comunidade ou província se afastou demais do sonho original do seu fundador(a)? Carisma realmente entra nas questões de nossos discernimentos?

Sobre o processo de discernimento:

1. Você experimentou tensão no processo de discernimento? Como você reagiu diante da tensão? Poderia partilhar isso com os outros(as)?
2. Você já experimentou a graça de deixar o Espírito purificar suas motivações durante um processo de discernimento para que pudesse acolher a vontade do Pai. Qual foi o meio que ajudou você a chegar até esse momento?
3. Você gostaria de tentar em sua comunidade o processo de discernimento descrito neste livro?

Conclusão

A vida religiosa está em crise mundialmente. Precisamos de refundação e tentamos mostrar neste livro somente um caminho a tomar para iniciar essa refundação. É o caminho de recuperar teologicamente a beleza de nosso voto de obediência. E essa obediência é vida que acontece entre um superior(a) de uma comunidade local ou provincial e a corresponsabilidade dos membros dessa comunidade. Obediência religiosa é a tentativa para continuar profética e evangelicamente a obediência de Jesus aqui e agora em circunstâncias concretas. A vivência pessoal e comunitária de obediência é uma urgência profética nesses tempos da pós-modernidade. Mas com os dois pés no chão, também, precisávamos mostrar que não é fácil ser superior(a) nesses dias da pós-modernidade. Houve muitas bênçãos mas também muitos erros na pós-modernidade que precisamos encarar e superar, no contexto pessoal e comunitário, no processo de refundação. É urgente que tenhamos coragem de nos confrontar com nossos erros e com nossas limitações na vivência da obediência, no contexto pessoal e comunitário. Se não, nossa profecia não falará nada para o mundo. O mundo afastou-se demais do Pai e precisamos mostrar para todos o caminho de volta, e o melhor caminho é uma abertura diante da vontade salvífica do Pai.

Somos desafiados a cuidar para que os velhos modelos de poder não estejam em vigor em nossas comunidades e províncias. Seria um profundo antitestemunho dos sinais dos tempos que buscam mais responsabilidade pessoal em tudo, do que simplesmente buscar o poder. Mas precisamos ouvir esses sinais dos tempos à luz do *Evangelho* para que possamos ser profetas e profetisas do reino. Quem insiste nos velhos modelos de poder em suas comunidades está convidando a um desastre num futuro próximo, além de não atrair vocações. Não podemos mais fechar nossos olhos e coração aos sinais dos tempos que exigem uma obediência mais madura, livre e, sobretudo, participativa.

Incluído nessa questão está a necessidade de rever nossas obras diante de nossa realidade pessoal e de fidelidade ao nosso carisma fundacional. Sinto que nossa profecia estará nessa linha de fidelidade tendo a coragem de deixar obras já caducas, e tendo coragem para assumir o novo no espírito do carisma fundacional. Mas o processo precisa ser o de um discernimento comunitário em que todos os membros são convidados a participar. E, depois de cumprir todo o processo de discernimento comunitário, precisamos agir corajosamente e com fé. Refundação fala de ação corajosa. Não fala de discursos ocos.

Precisamos acreditar em nós mesmos como consagrados(as) de Deus e buscar novo sangue na promoção vocacional. Não devemos ficar tão preocupados com números mas com a qualidade de vocacionados(as) que querem abraçar mesmo a profecia de consagração no mundo, e que querem abraçar com entusiasmo o carisma da congregação. Coragem e refundação são o caminho para gerar nova vida e esperança em nossas províncias. Mas sem espalhar esse rosto de esperança, profetizamos somente rostos de morte e desespero.

Precisamos ter muito mais coragem para confrontos

em todos os níveis de nossa vida religiosa: superiores(as) e coirmãos(ãs), e sobre a realidade e qualidade evangélica de nossa vida consagrada e comunitária. Nossa profecia da vida consagrada tem sofrido muito recentemente até o ponto que muitos jovens nem entendem e, por isso, nem querem seguir nossa vocação. Precisamos voltar para as coisas básicas e essenciais em nossa vocação religiosa, e com coragem começar o caminho árduo de refundação. Precisamos voltar para os meios comunitários que nos ajudaram a manter a fidelidade em nossa vocação. Oração assumida como algo essencial em nossa vida para podermos buscar intimidade com Deus seria um bom começo. Muito de nossa vida de oração pessoal e comunitária foi absorvido pelo ativismo e pelo afastamento radical da pessoa de Jesus Cristo. Precisamos de revisão de vida que celebra o bom e o ruim em nossa vida pessoais e comunitária. Precisamos ter a coragem de viver uma comunidade acolhedora, perdoante e de conversão que vive alegremente a gratuidade do amor e da salvação de Deus. Precisamos amar uns aos outros(as) com sinceridade e profecia. Precisamos rever tudo para incluir todos os elementos holísticos em nossa vida pessoal e comunitária. O desafio é reanimar os meios provados pelos tempos, colocar neles roupa nova que falará para a nova geração e que nos levará para uma verdadeira experiência de Deus. Precisamos de muita coragem, esperança, trabalho duro e corresponsável para realizar tudo isso. Não podemos optar pela morte.

Finalmente, precisamos aprender a corresponsabilidade na obediência através do discernimento de todos na comunidade. Uma busca séria para descobrir a vontade do Pai em nossa consagração, nossa missão e nossa vivência comunitária. Talvez precisemos investir mais na formação contínua de nossos coirmãos(ãs) nesses campos de diálogo e de discernimento comunitário, que desembocam num sentido mais evangélico do voto da obediência. Tenhamos coragem de superar nossas tensões internas para que possamos abrir nosso coração ao Pai na obediência cristocêntrica. Talvez este seja nosso maior desafio e o maior testemunho que podemos oferecer ao mundo pós-moderno tão fechado em si mesmo. Formamos uma comunidade aberta à voz e à vontade do Pai.

Espero que essas reflexões tenham ajudado os religiosos(as) a descobrirem mais uma vez o amor incondicional de Deus em suas vidas. Que todos(as) possam assumir com coragem a união e a comunhão com a vontade salvífica do Pai, e preparar seu coração para acolher e viver essa vontade. Que Maria esteja sempre ao nosso lado nos dirigindo para uma abertura mais radical diante do querer do Pai. Que sejamos impelidos por nossos fundadores(as) a refundar nosso carisma fundacional.

Índice

Introdução 3

Capítulo I
Mudanças radicais 7

1. Um modelo tradicional — A Pirâmide 10
2. O modelo de administrador(a) 18
3. Dinâmicas de partilha 22

Capítulo II
As mudanças que derrubaram esses modelos de poder 23

1. Dos primeiros passos de nossas províncias 24
2. A falta de novos vocacionados 26
3. Ênfase na importância da vida em comunidade 26
4. Mudança no estilo de vida comunitária 28
5. Princípios egocêntricos da pós-modernidade 30
6. Alternativas para os modelos do poder e da administração ... 32
7. A questão da obediência religiosa 34
8. Dinâmicas de partilha 34

Capítulo III
A Teologia do voto de obediência 37

1. Introdução 37
2. Jesus e sua obediência 40
3. O Verbo 41
4. A Criação 42
5. O novo plano de amor do Pai 44
6. A história da Salvação 45
7. O batismo de Jesus 47
8. A Paixão de Cristo 49

9. O voto da obediência 52
10. Definição teológica do voto da obediência 54
11. Dinâmica da obediência de Jesus 59
12. Obediência religiosa 62
13. Considerações práticas 66
14. Dinâmicas de partilha 73

Capítulo IV
Problemas concretos em exercer o cargo
de pastor(a) na comunidade 77

1. Sobre o desejo de introduzir o modelo
   de superior(a) como "pastor(a)" 77
2. Diálogo comunitário 79
3. Diálogo individual 79
4. Confronto fraterno 83
5. Problemas que vêm da pós-modernidade 87
6. Obediência diante do carisma congregacional 90
7. Dinâmicas práticas do pastor(a) da comunidade 91
   a) Revisão de vida 91
   b) Cerimônia de reconciliação 93
   c) Planejamento da comunidade 95
   d) Oração na comunidade 101
   e) Momentos de lazer 103
8. Dinâmicas de partilha 105

Capítulo V
O processo de discernimento na obediência 109

1. Finalidade de todo discernimento 111
2. Sentido do "discernimento comunitário" 112
3. Base teológica do discernimento 113
4. As condições necessárias para discernir 114
5. As fases do discernimento comunitário 119
   a) Tensões 119
   b) Tempo de purificação 122
   c) Tempo de concórdia 123
6. Uma técnica de discernimento 124
7. Dinâmicas de partilha 128

Conclusão 131